Erfolgreiche Mediation und Kommunikation:

Der Schlüssel zur Konfliktlösung in Beruf und Alltag

Rainer Steinberg

Inhalt

Einleitung

Willkommen zu meinem Ratgeber "Erfolgreiche Mediation und Kommunikation: Der Schlüssel zur Konfliktlösung in Beruf und Alltag". Ich freue mich, dass dieser Ratgeber Ihr Interesse an diesem spannenden und wichtigen Thema wecken konnte.

In einer zunehmend vernetzten und interaktiven Welt, in der wir täglich mit einer Vielzahl von Menschen in Kontakt stehen, sind effektive Kommunikation und die Fähigkeit zur Konfliktlösung von entscheidender Bedeutung für persönliches und berufliches Wachstum.

Ob im beruflichen Umfeld, in Teams oder in unseren persönlichen Beziehungen – Konflikte sind unvermeidlich. Doch wie wir mit ihnen umgehen, kann den Unterschied zwischen Missverständnissen, Spannungen und Frustrationen auf der einen Seite und produktiven Zusammenarbeiten, harmonischen Beziehungen und persönlichem Wachstum auf der anderen Seite ausmachen.

Dieser Ratgeber richtet sich an all jene, die ihre Kommunikationsfähigkeiten verbessern und Konflikte auf konstruktive Weise angehen möchten. Ganz gleich, ob Sie als Führungskraft in einem Unternehmen tätig sind, in einem Team arbeiten, eine leitende Position innehaben oder einfach bessere Beziehungen zu Familie und Freunden aufbauen möchten – dieses Buch bietet Ihnen wertvolle Werkzeuge und Erkenntnisse, um Ihre Ziele zu erreichen.

Ich bin Experte auf dem Gebiet der Mediation und Kommunikation und verfüge über langjährige Erfahrung in der Praxis. Ich habe dieses Handbuch entwickelt, um Ihnen praxisnahe Strategien und Techniken zu vermitteln, die Ihnen helfen, schwierige Situationen zu meistern, Missverständnisse zu klären und Win-Win-Lösungen zu finden. Mein Ziel ist es, Ihnen das nötige Wissen und die praktischen Fähigkeiten zu vermitteln, um Kommunikationsbarrieren zu überwinden und Konflikte in Chancen für persönliches Wachstum und positive Veränderungen zu verwandeln.

In den kommenden Kapiteln werden wir uns mit verschiedenen Aspekten der Mediation und Kommunikation befassen. Ich werde Ihnen das Eisbergmodell vorstellen, das Ihnen hilft, die zugrunde liegenden Ursachen von Konflikten zu erkennen und eine tiefere Ebene der Kommunikation zu erreichen. Sie werden erfahren, wie Sie die vier Seiten einer Nachricht verstehen und Missverständnisse effektiv klären können. Darüber hinaus werde ich Ihnen Techniken vorstellen, um Lügen zu erkennen, die Konfliktkosten richtig einzuschätzen und einen wertschätzenden Umgang mit Gefühlen zu entwickeln.

Ein weiterer wichtiger Aspekt, den wir behandeln werden, ist die Bedeutung von Nähe und Distanz in Beziehungen und wie Sie diese bewusst steuern können, um eine gesunde Balance zu erreichen. Ich werde Ihnen auch das Johari-Fenster vorstellen, das Ihnen dabei hilft, Ihr Selbstbild zu erweitern und die Wahrnehmung anderer zu verstehen.

Des Weiteren werden wir uns mit dem Ansatz der gewaltfreien Kommunikation nach Marshall Rosenberg beschäftigen, der Ihnen dabei hilft, empathisch zuzuhören, Bedürfnisse zu erkennen und Konflikte auf eine friedliche und konstruktive Weise zu lösen. Zudem werde ich Ihnen das Habert-Konzept näherbringen, das Ihnen ermöglicht, schwierige Gespräche und Verhandlungen mit mehr Selbstbewusstsein und Geschicklichkeit zu führen.

Dieser Ratgeber bietet Ihnen keine schnellen Lösungen oder magische Formeln. Vielmehr ist er ein Leitfaden, der Sie auf eine Reise der Selbsterkenntnis und des Lernens führt. Ich lade Sie ein, mit offenen Augen und offenem Herzen einzutauchen und die vorgestellten Konzepte in Ihrem Alltag anzuwenden. Veränderung braucht Zeit und Übung, aber mit der richtigen Haltung und den richtigen Werkzeugen können Sie Ihre Kommunikationsfähigkeiten nachhaltig verbessern.

Bereiten Sie sich darauf vor, Ihre Kommunikationsfähigkeiten zu stärken, Konflikte zu bewältigen und harmonische Beziehungen aufzubauen. Zusammen können wir eine Welt schaffen, in der effektive Kommunikation und Mediation zu einer höheren Lebensqualität für uns alle beitragen. Lassen Sie uns gemeinsam auf diese spannende Reise der Entdeckung und des Wachstums gehen.

Nun wünsche ich Ihnen ersteimal viel Spaß beim Lesen und Ausprobieren. Auf eine erfolgreiche Kommunikation!

I. Mediation als Form des Verhandelns

In diesem Kapitel werden wir uns mit der Mediation als Form des Verhandelns befassen. Mediation ist eine alternative Methode zur Konfliktlösung, die darauf abzielt, eine Win-Win-Lösung für alle beteiligten Parteien zu finden. Im Gegensatz zu traditionellen Gerichtsverfahren oder Verhandlungen, bei denen ein Richter oder Schlichter eine Entscheidung trifft, ermöglicht die Mediation den Beteiligten, selbst aktiv an der Lösung ihres Konflikts mitzuwirken.

1. Die Grundprinzipien der Mediation

Die Mediation basiert auf bestimmten Grundprinzipien, die den Ablauf und die Vorgehensweise des Verfahrens bestimmen. Diese Prinzipien umfassen:

a) **Freiwilligkeit:** Die Teilnahme an der Mediation ist freiwillig und basiert auf der Zustimmung aller beteiligten Parteien. Niemand kann zur Teilnahme gezwungen werden.

b) **Neutralität:** Der Mediator, eine unparteiische dritte Person, bleibt neutral und unbefangen. Er oder sie unterstützt die Parteien bei der Kommunikation und der Suche nach einer Lösung, ohne dabei eine eigene Meinung oder Wertung abzugeben.

c) **Vertraulichkeit:** Alle Informationen, die im Rahmen der Mediation ausgetauscht werden, sind vertraulich und dürfen nicht ohne Zustimmung der Parteien preisgegeben werden. Dies schafft eine sichere Umgebung, in der offen über die eigentlichen Bedürfnisse und Interessen gesprochen werden kann.

d) **Eigenverantwortlichkeit:** Die Parteien tragen die Verantwortung für die Lösung ihres Konflikts. Der Mediator unterstützt sie dabei, indem er ihnen hilft, ihre Bedürfnisse und Interessen zu identifizieren und gemeinsame Vereinbarungen zu treffen.

2. Der Mediationsprozess

Der Mediationsprozess besteht aus verschiedenen Phasen, die strukturiert und methodisch durchlaufen werden. Diese Phasen umfassen:

a) **Vorbereitung:** In dieser Phase wird der Rahmen für die Mediation festgelegt. Es werden die Teilnehmer identifiziert, der Mediator wird ausgewählt und ein Mediationstermin und -ort wird vereinbart. Zudem werden die grundlegenden Regeln und Verfahrensweisen erklärt.

b) **Eröffnungssitzung:** Die Eröffnungssitzung dient dazu, die Teilnehmer kennenzulernen und das Ziel der Mediation zu klären. Der Mediator erklärt den Ablauf des Verfahrens und stellt sicher, dass alle Beteiligten sich wohl und respektiert fühlen.

c) **Informationsaustausch:** In dieser Phase haben die Parteien die Möglichkeit, ihre Sichtweisen, Interessen und Bedürfnisse zu äußern. Der Mediator stellt gezielte Fragen, um ein besseres Verständnis des Konflikts zu erhalten.

d) **Identifizierung von Lösungsoptionen:** Gemeinsam mit dem Mediator suchen die Parteien nach möglichen Lösungsoptionen. Es werden Ideen gesammelt und diskutiert, um eine breite Palette von Möglichkeiten zu eröffnen.

e) **Vereinbarung:** Sobald Lösungsoptionen identifiziert wurden, arbeiten die Parteien darauf hin, eine Vereinbarung zu treffen, die für alle akzeptabel ist. Der Mediator unterstützt sie dabei, die Vereinbarung klar und verständlich zu formulieren. Wichtig ist allerdings auch, dass eine Vereinbarung nicht zwingend ist. Den jeweiligen Parteien sollte es immer offenstehen, die Mediation auch abzubrechen.

f) **Abschluss:** In der abschließenden Phase wird die Vereinbarung von allen Parteien unterzeichnet. Der Mediator erläutert die Bedeutung der Vereinbarung und ermutigt die Parteien, diese in die Tat umzusetzen.

3. Vorteile der Mediation

Die Mediation bietet eine Vielzahl von Vorteilen gegenüber traditionellen Konfliktlösungsmethoden. Einige der wichtigsten Vorteile sind:

a) **Vertraulichkeit:** Im Rahmen der Mediation werden alle Informationen und Aussagen vertraulich behandelt. Dies ermöglicht den Parteien, offen über ihre Bedürfnisse, Interessen und Sorgen zu sprechen, ohne befürchten zu müssen, dass diese gegen sie verwendet werden. Die Vertraulichkeit schafft eine sichere und geschützte Umgebung, die eine ehrliche Kommunikation fördert.

b) **Flexibilität:** Die Mediation bietet den Parteien eine hohe Flexibilität bei der Gestaltung der Lösungen. Im Gegensatz zu Gerichtsverfahren, bei denen starre rechtliche Rahmenbedingungen gelten, können die Parteien in der Mediation kreative und maßgeschneiderte Lösungen entwickeln, die ihren individuellen Bedürfnissen und Interessen gerecht werden. Dies ermöglicht eine Win-Win-Situation, in der beide Seiten von der Vereinbarung profitieren können.

c) **Erhalt der Beziehung:** In vielen Fällen ist der Erhalt der Beziehung zwischen den Parteien von großer Bedeutung. Sei es in beruflichen Kontexten, in denen langfristige Geschäftsbeziehungen auf dem Spiel stehen, oder in privaten Beziehungen, in denen ein gemeinsames Interesse an der Aufrechterhaltung einer harmonischen Verbindung besteht. Die Mediation ermöglicht es den Parteien, den Konflikt auf konstruktive Weise anzugehen und die Beziehung zu wahren, anstatt sie zu beschädigen oder zu zerstören.

d) **Kosten- und zeiteffizient:** Im Vergleich zu Gerichtsverfahren sind Mediationsverfahren in der Regel kostengünstiger und zeitsparender. Gerichtliche Verfahren können sich über Jahre hinziehen und hohe Anwaltskosten verursachen. Die Mediation hingegen ermöglicht es den Parteien, den Konflikt schneller und effizienter zu lösen, was zu einer erheblichen Kosten- und Zeitersparnis führt.

e) **Eigenverantwortlichkeit und Zufriedenheit:** Durch die aktive Beteiligung an der Lösung ihres Konflikts fühlen sich die Parteien in der Mediation stärker in die Entscheidungsfindung eingebunden. Sie haben die Möglichkeit, ihre eigenen Bedürfnisse und Interessen zu artikulieren und gemeinsam mit der anderen Partei eine maßgeschneiderte Lösung zu entwickeln. Dies erhöht die Zufriedenheit mit der erzielten Vereinbarung und fördert die Eigenverantwortlichkeit für die Umsetzung.

f) **Langfristige Lösungen:** Die Mediation zielt darauf ab, nachhaltige und langfristige Lösungen zu finden. Indem die Parteien aktiv an der Konfliktlösung beteiligt sind und ihre eigenen Interessen einbringen, werden Vereinbarungen erzielt, die auf Verständnis und Kompromissbereitschaft basieren. Dies trägt dazu bei, die Wahrscheinlichkeit eines erneuten Konflikts in der Zukunft zu verringern und langfristige positive Beziehungen zu fördern.

Die Mediation bietet somit eine Vielzahl von Vorteilen, die sie zu einer attraktiven Alternative zu traditionellen Konfliktlösungsmethoden machen. Im nächsten Kapitel werden wir uns mit den ausführlichen Ausführungsvorgaben für Mediationsverfahren befassen, die auf dem Mediationsgesetz von 2012 basieren und die Grundlage für eine professionelle und effektive Mediation bilden.

4. Mediation im beruflichen und privaten Kontext

Die Mediation ist eine äußerst nützliche Methode, um Konflikte sowohl im beruflichen als auch im privaten Kontext zu bewältigen. Im beruflichen Umfeld kann sie effektiv eingesetzt werden, um Auseinandersetzungen zwischen Mitarbeitern, Teams oder sogar Geschäftspartnern zu lösen. Durch die Vermittlung eines neutralen Dritten, des Mediators, können die Parteien ihre Standpunkte ausdrücken, Missverständnisse klären und gemeinsam nachhaltige Lösungen erarbeiten, die für alle Beteiligten akzeptabel sind. Dies führt nicht nur zu einer verbesserten Zusammenarbeit und einem positiven Arbeitsklima, sondern auch zu einer gesteigerten Produktivität und Effizienz in der Organisation.

Im privaten Bereich kann die Mediation bei einer Vielzahl von Konflikten und Streitigkeiten hilfreich sein. Bei Familienkonflikten sei es zwischen Eltern und Kindern oder zwischen Geschwistern, bietet die Mediation eine Möglichkeit, Kommunikationsbarrieren zu überwinden und gemeinsam tragfähige

Lösungen zu finden. Bei Nachbarschaftsstreitigkeiten kann der Mediator den Konfliktparteien helfen, ihre Bedürfnisse und Interessen zu identifizieren und nach Kompromissen zu suchen, um die Beziehung zu verbessern und zukünftige Konflikte zu vermeiden. Darüber hinaus kann die Mediation auch bei Trennungen und Scheidungen unterstützen, indem sie den Beteiligten hilft, ihre Emotionen zu bewältigen, fair über die Verteilung von Vermögenswerten und Sorgerechtsfragen zu verhandeln und letztendlich eine friedliche und zufriedenstellende Vereinbarung zu treffen.

Insgesamt ist die Mediation eine äußerst wirksame Methode, um Konflikte im beruflichen und privaten Bereich zu lösen. Durch ihre proaktive und kooperative Natur ermöglicht sie den Beteiligten, ihre Standpunkte zu äußern, aufeinander zuzugehen und gemeinsam an Lösungen zu arbeiten, die auf gegenseitigem Verständnis und Akzeptanz basieren. Dies fördert eine nachhaltige Konfliktlösung und trägt zur Stärkung der Beziehungen und der Schaffung einer harmonischen Umgebung bei.

Abschließende Gedanken:

Die Mediation als Form des Verhandelns bietet eine alternative und konstruktive Methode zur Lösung von Konflikten. Sie ermöglicht den Beteiligten, aktiv an der Suche nach Lösungen teilzunehmen und die Kontrolle über den Ausgang des Konflikts zurückzugewinnen. In diesem Ratgeber werde ich Ihnen weiterführende Techniken und Werkzeuge vorstellen, die Ihnen helfen, Ihre Mediationsfähigkeiten zu verbessern und erfolgreichere Verhandlungen zu führen.

II. Vorgaben für Mediationsverfahren

Die Mediation hat sich in den letzten Jahren als eine attraktive Alternative zu traditionellen Konfliktlösungsmethoden etabliert. In diesem Kapitel werden wir uns den ausführlichen Ausführungsvorgaben für Mediationsverfahren widmen, die auf dem Mediationsgesetz von 2012 basieren. Diese Vorgaben bilden die Grundlage für eine professionelle und effektive Mediation.

An dieser Stelle werden wir uns genauer mit den einzelnen Bestandteilen der Ausführungsvorgaben befassen und wichtige Aspekte der Mediation, wie Verfahrensregeln, Qualifikation der Mediatoren und Vertraulichkeit, genauer beleuchten. Eine fundierte Kenntnis dieser Vorgaben wird Ihnen dabei helfen, die Mediation effektiv einzusetzen und optimale Ergebnisse zu erzielen.

1. Ziel der Ausführungsvorgaben

Die Ausführungsvorgaben für Mediationsverfahren wurden entwickelt, um eine einheitliche und qualitativ hochwertige Durchführung von Mediationen zu gewährleisten. Sie dienen dazu, klare Richtlinien und Standards für Mediatoren, Parteien und Rechtsanwälte festzulegen, um einen reibungslosen Ablauf des Mediationsprozesses zu ermöglichen.

2. Einbindung europäischer Richtlinien

Die Ausführungsvorgaben basieren auf den EU-Richtlinien von 2008/2009, die eine Harmonisierung der Mediationsverfahren auf europäischer Ebene anstreben. Durch die

Integration dieser Richtlinien in nationales Recht wird eine einheitliche Vorgehensweise bei grenzüberschreitenden Mediationen gewährleistet und die Akzeptanz der Mediation als wirksames Instrument der Konfliktlösung gestärkt.

3. Bestandteile der Ausführungsvorgaben

Die Ausführungsvorgaben umfassen verschiedene Aspekte, die für eine erfolgreiche Mediation von Bedeutung sind. Dazu gehören unter anderem:

a) **Verfahrensregeln:** Die Ausführungsvorgaben legen klare Regeln für den Ablauf des Mediationsverfahrens fest. Dies umfasst unter anderem die Rolle des Mediators, die Rechte und Pflichten der Parteien sowie den allgemeinen Ablauf der Mediation. Die Verfahrensregeln sorgen dafür, dass der Mediationsprozess strukturiert und geordnet verläuft. Sie ermöglichen eine transparente Kommunikation und bieten den Parteien einen klaren Rahmen, innerhalb dessen sie ihre Anliegen und Interessen artikulieren können. Zu den Rechten und Pflichten der Teilnehmer gehören so zum Beispiel:

aa) **Recht auf Freiwilligkeit:** Die Teilnahme an der Mediation ist freiwillig, und niemand kann dazu gezwungen werden, an einer Mediation teilzunehmen. Die Parteien haben das Recht, ihre Entscheidung zur Teilnahme selbstständig zu treffen.

bb) **Recht auf Information:** Die Parteien haben das Recht, vor Beginn der Mediation umfassend über den Ablauf, die Ziele, die Rolle des Mediators und die Vertraulichkeit informiert zu werden. Dies stellt sicher, dass sie über ausreichende Informationen verfügen, um eine informierte Entscheidung zur Teilnahme zu treffen.

cc) **Recht auf Gleichbehandlung:** Alle Parteien haben das Recht, während des Mediationsverfahrens gleichberechtigt behandelt zu werden. Der Mediator muss sicherstellen, dass keine Partei benachteiligt wird und dass allen Parteien die gleiche Möglichkeit gegeben wird, ihre Standpunkte und Interessen auszudrücken.

dd) **Verpflichtung zur aktiven Teilnahme:** Die Teilnehmer haben die Pflicht, aktiv und konstruktiv am Mediationsprozess mitzuwirken. Dies beinhaltet das Offenlegen relevanter Informationen, das Zuhören und Respektieren der Standpunkte anderer Parteien sowie das Bemühen um eine gemeinsame Lösung.

ee) **Vertraulichkeitspflicht:** Die Parteien und der Mediator haben eine Verpflichtung zur

Vertraulichkeit. Das bedeutet, dass alle im Rahmen der Mediation besprochenen Informationen und Dokumente vertraulich behandelt werden und nicht ohne Zustimmung der Parteien verwendet oder offenbart werden dürfen.

ff) **Einhaltung der Mediationsvereinbarung:** Sofern die Parteien zu einer Einigung gelangen, haben sie die Pflicht, die Vereinbarung nach besten Kräften einzuhalten. Die Mediationsvereinbarung kann als rechtlich bindendes Dokument dienen, wenn die Parteien dies wünschen.

Diese Liste ist nicht abschließend und dient nur als Beispiel für einige der Rechte und Pflichten, die im Rahmen einer Mediation auftreten können. Es ist wichtig zu beachten, dass die genauen Rechte und Pflichten je nach individueller Vereinbarung, Mediationsstil und gesetzlichen Bestimmungen variieren können.

b) **Qualifikation der Mediatoren:** Die Ausführungsvorgaben legen hohe Qualitätsstandards für Mediatoren fest. Mediatoren müssen über eine fundierte Ausbildung, Fachkenntnisse und Erfahrung in der Konfliktmediation verfügen. Dies stellt sicher, dass die Mediation von kompetenten und professionellen Mediatoren durchgeführt wird, die über die notwendigen

Fähigkeiten und Kompetenzen verfügen, um den Mediationsprozess erfolgreich zu gestalten. Die Qualifikation der Mediatoren trägt maßgeblich zur Qualität und Effektivität der Mediation bei. Einige Angaben, die gemacht werden, um die Qualität der Mediation zu stärken sind die folgenden:

aa) **Fundierte Ausbildung:** Mediatoren sollten eine fundierte Ausbildung in Konfliktmediation absolvieren. Diese Ausbildung kann verschiedene Formen annehmen, wie z.B. spezialisierte Mediationskurse, Weiterbildungsprogramme oder Studiengänge im Bereich Mediation und Konfliktlösung. Während der Ausbildung werden den Mediatoren grundlegende Kenntnisse, Techniken und Fähigkeiten vermittelt, die sie für die erfolgreiche Durchführung von Mediationen benötigen.

bb) **Fachkenntnisse:** Mediatoren sollten über Fachkenntnisse in relevanten Bereichen verfügen, die mit den Konflikten zusammenhängen, mit denen sie konfrontiert werden. Dies kann bedeuten, dass sie ein Verständnis für spezifische Branchen, rechtliche Aspekte, zwischenmenschliche Beziehungen oder psychologische Dynamiken haben müssen. Fachkenntnisse ermöglichen es den Mediatoren, den Kontext und die Besonderheiten des Konflikts besser zu verstehen und angemessene Lösungsansätze zu entwickeln.

cc) **Erfahrung in der Konfliktmediation:** Neben der Ausbildung ist auch praktische Erfahrung in der Konfliktmediation von großer Bedeutung. Mediatoren sollten bereits eine gewisse Anzahl von Mediationsfällen erfolgreich abgeschlossen haben und über Erfahrungen mit unterschiedlichen Arten von Konflikten und Parteien verfügen. Diese Erfahrung ermöglicht es den Mediatoren, ihre Fähigkeiten weiterzuentwickeln, verschiedene Herangehensweisen auszuprobieren und auf unterschiedliche Situationen angemessen zu reagieren.

Die genauen Qualifikationsanforderungen können je nach Mediationsvereinigung, Ausbildungsprogramm oder gesetzlichen Bestimmungen variieren. Es ist wichtig, dass Mediatoren ihre Qualifikationen und Zertifizierungen nachweisen können, um das Vertrauen der Teilnehmer zu stärken und sicherzustellen, dass sie über die erforderlichen Kompetenzen verfügen, um den Mediationsprozess professionell und effektiv zu gestalten.

Die Qualifikation der Mediatoren spielt eine entscheidende Rolle bei der Qualität und Wirksamkeit der Mediation. Durch ihre Ausbildung, Fachkenntnisse und Erfahrung sind sie in der Lage, die Parteien durch den Prozess zu führen, eine vertrauensvolle Atmosphäre zu schaffen, Kommunikationsbarrieren zu überwinden und kreative Lösungen zu entwickeln.

15

c) **Freiwilligkeit und Informiertheit der Parteien:** Ein zentraler Grundsatz der Mediation ist die Freiwilligkeit der Teilnahme. Die Ausführungsvorgaben betonen die Bedeutung der freiwilligen Beteiligung der Parteien am Mediationsverfahren. Zudem legen sie großen Wert auf die Informiertheit der Parteien über den Mediationsprozess. Die Parteien müssen umfassend über die Vor- und Nachteile der Mediation informiert werden, um eine informierte Entscheidung über ihre Teilnahme treffen zu können. Sie erhalten klare Informationen über den Ablauf der Mediation, ihre Rechte und Pflichten sowie die möglichen Ergebnisse des Verfahrens.

d) **Vertraulichkeit und Neutralität:** Die Ausführungsvorgaben legen großen Wert auf die Vertraulichkeit des Mediationsverfahrens. Alle Informationen, die im Rahmen der Mediation ausgetauscht werden, müssen vertraulich behandelt werden. Dies schafft eine geschützte und sichere Umgebung, in der die Parteien offen und ehrlich kommunizieren können, ohne Sorge vor ungewollter Offenlegung von vertraulichen Informationen. Zudem betonen die Vorgaben die Neutralität des Mediators. Der Mediator hat die Aufgabe, unparteiisch und neutral zu agieren, um eine ausgewogene und faire Mediation zu gewährleisten.

Die Einhaltung der Ausführungsvorgaben ist von entscheidender Bedeutung für eine professionelle und effektive Mediation. Sie bieten den Parteien klare Strukturen, schützen ihre Rechte und schaffen Vertrauen in den Mediationsprozess. Indem sie eine qualitativ hochwertige Mediation fördern, tragen die Ausführungsvorgaben dazu bei, dass Konflikte auf konstruktive Weise gelöst werden können und nachhaltige Lösungen gefunden werden.

III.   Die Rolle der Schiedsperson

Die Schiedsperson ist eine faszinierende Institution, die ihren Ursprung in der französischen Revolution hat und bis heute in Deutschland eine wichtige Rolle in der außergerichtlichen Streitbeilegung spielt. In diesem Kapitel werden wir uns näher mit der Schiedsperson als Friedensrichter befassen und ihre Bedeutung für die Lösung von Konflikten, insbesondere in Nachbarschaftsstreitigkeiten, betrachten.

Historisch betrachtet hat die Schiedsperson eine lange Geschichte, die bis zur Zeit der französischen Revolution zurückreicht. Damals wurden Friedensrichter eingeführt, um Streitigkeiten zwischen den Bürgern außerhalb der Gerichtssäle beizulegen. Die Idee war, dass eine unparteiische Vermittlung durch eine neutrale Person zu einer gerechten und friedlichen Lösung führen kann.

Heutzutage existieren Schiedsfrauen und Schiedsmänner in 12 von 16 Bundesländern in Deutschland. Sie werden durch das Schiedsamtsgesetz geregelt, das ihre Zuständigkeiten und Befugnisse festlegt. Die genauen Regelungen können von Bundesland zu Bundesland leicht variieren, aber das grundlegende Ziel ist es, eine effektive und schnelle außergerichtliche Streitbeilegung zu ermöglichen.

In den vier anderen Bundesländern Deutschlands gibt es keine spezifischen Schiedsfrauen oder Schiedsmänner. Stattdessen werden alternative Verfahren zur außergerichtlichen Streitbeilegung eingesetzt, wie zum Beispiel Schlichtungsstellen oder Schiedsgerichte. Diese Verfahren haben ähnliche Ziele wie die Schiedsfrauen in den anderen Bundesländern, nämlich eine effektive und schnelle Lösung von Streitigkeiten außerhalb der

Gerichtssäle zu ermöglichen. Die genauen Regelungen und Zuständigkeiten können von Bundesland zu Bundesland unterschiedlich sein, da sie durch landesspezifische Gesetze und Bestimmungen geregelt werden. Es ist wichtig zu beachten, dass trotz der Unterschiede in den Bundesländern das übergeordnete Ziel darin besteht, den Bürgern eine alternative Streitbeilegungsmöglichkeit anzubieten und den Gerichten zu entlasten.

Eine der häufigsten Einsatzgebiete für Schiedspersonen sind Nachbarschaftsstreitigkeiten. Diese können sich um Themen wie Lärmbelästigung, Grenzstreitigkeiten, Bauprojekte oder Nutzung gemeinsamer Flächen drehen. Die Schiedsperson tritt in solchen Fällen als unabhängiger und neutraler Vermittler auf und hilft den Parteien, eine faire und dauerhafte Lösung zu finden, die beide Seiten zufriedenstellt.

Die Schiedspersonen üben ihre Tätigkeit in der Regel ehrenamtlich aus. Sie engagieren sich aus Überzeugung und wollen zur Konfliktlösung und dem sozialen Frieden in ihrer Gemeinde beitragen. Besonders für Bagatellfälle, bei denen ein Gang vor Gericht unverhältnismäßig wäre, bieten Schiedsmänner und -frauen eine effiziente und kostengünstige Alternative.

Eine weitere wichtige Aufgabe der Schiedsperson ist die Ausstellung von Sühnebescheinigungen. Wenn die Parteien zu einer Einigung gelangen und den Konflikt beilegen, kann die Schiedsperson eine Bescheinigung ausstellen, die als Nachweis für die erzielte Einigung dient. Dies kann beispielsweise bei Vertragsverletzungen oder Streitigkeiten um Schadensersatz von Bedeutung sein.

Die Schiedsperson spielt also eine bedeutende Rolle in der außergerichtlichen Streitbeilegung und bietet den Parteien eine unkomplizierte Möglichkeit, ihre Konflikte auf faire und gerechte Weise zu lösen. Durch ihre ehrenamtliche Tätigkeit und ihre Kompetenz als Friedensrichter tragen Schiedsmänner und -frauen maßgeblich zum sozialen Frieden und zur Entlastung der Gerichte bei. Im nächsten Kapitel werden wir uns mit weiteren Aspekten der Mediation und Konfliktlösung befassen, um Ihnen ein umfassendes Verständnis und nützliche Werkzeuge für Ihre eigenen Konfliktsituationen zu vermitteln.

IV. Praktische Anwendung mediativer Elemente

Die praktische Anwendung mediativer Elemente ist ein entscheidender Aspekt für eine erfolgreiche Mediation. Während das Mediationsgesetz von 2012 wichtige rechtliche Vorgaben für den Mediationsprozess festlegt, liegt es in der Praxis oft an den Mediatoren, die Mediationstechniken anzuwenden und die Herausforderungen zu bewältigen. In diesem Kapitel werden wir uns eingehender mit den praktischen Aspekten der Mediation und den verschiedenen Mediationstechniken befassen.

1. Schwierigkeiten beim strikten Einhalten des Mediationsgesetzes

Obwohl das Mediationsgesetz klare Vorgaben für den Mediationsprozess festlegt, können sich in der Praxis einige Herausforderungen ergeben. Eine Herausforderung besteht darin, dass nicht alle Parteien von vornherein bereit sind, sich auf eine formelle Mediation einzulassen. Manche fühlen sich durch die strikten Regeln und den formalen Rahmen der Mediation eingeschränkt oder abgeschreckt. Hier ist es wichtig, flexibel zu sein und mediativer Elemente auch in einer weniger formalen Art und Weise anzuwenden, um die Parteien zur Zusammenarbeit zu bewegen.

Eine weitere Schwierigkeit liegt darin, dass manche Parteien möglicherweise Vorbehalte gegenüber dem Mediationsprozess haben oder Zweifel an dessen Wirksamkeit haben. Diese Bedenken können durch eine klare Kommunikation über die Vorteile der Mediation und durch das Schaffen eines vertrauensvollen Umfelds adressiert werden. Durch den Aufbau eines guten Beziehungsverhältnisses zu den Parteien und einer

21

einfühlsamen Herangehensweise können Mediatoren dazu beitragen, diese Schwierigkeiten zu überwinden und den Mediationsprozess voranzubringen.

2. Praktische Anwendung von Mediationstechniken

Die Mediation bietet eine Vielzahl von bewährten Techniken,
die in der praktischen Anwendung äußerst effektiv sein können. Diese Techniken tragen dazu bei, die Kommunikation und
Zusammenarbeit zwischen den Konfliktparteien zu fördern
und zu verbessern. Im Folgenden werden einige wichtige Mediationstechniken erläutert:

a) **Aktives Zuhören:** Aktives Zuhören ist eine grundlegende Fähigkeit des Mediators. Dabei geht es darum,
den Parteien aufmerksam und respektvoll zuzuhören
und sicherzustellen, dass sie sich gehört und verstanden
fühlen. Durch gezieltes Nachfragen und Zusammenfassen der Aussagen können Missverständnisse vermieden
und die Kommunikation vertieft werden.

b) **Win-Win-Lösungen:** Die Mediation zielt darauf ab,
Lösungen zu finden, die für alle Parteien vorteilhaft
sind. Anstatt eine "Gewinner-Verlierer"-Mentalität zu
fördern, arbeitet der Mediator darauf hin, dass alle Beteiligten von der Vereinbarung profitieren. Dies erfordert Kreativität und die Bereitschaft, über starre Positionen hinauszudenken, um gemeinsame Interessen und
Bedürfnisse zu identifizieren.

c) **Mediativer Sprachgebrauch:** Die Wahl der Worte und der sprachlichen Ausdrucksweise spielt eine wichtige Rolle in der Mediation. Ein mediativer Sprachgebrauch umfasst beispielsweise das Vermeiden von Schuldzuweisungen, das Verwenden von Ich-Botschaften und das Formulieren von Anliegen in einer konstruktiven Art und Weise. Durch die bewusste Nutzung einer respektvollen und verständnisvollen Sprache kann der Mediator das Vertrauen zwischen den Parteien stärken und die Kommunikation erleichtern.

3. Herausforderungen und Abschreckung durch strenge Vorgaben der Mediation

Die strengen Vorgaben des Mediationsgesetzes können für manche Parteien abschreckend wirken. Einige fühlen sich möglicherweise durch die formalen Anforderungen und den strukturierten Prozess eingeschränkt. Es ist wichtig zu beachten, dass die strikte Einhaltung des Gesetzes nicht in jedem Fall erforderlich ist und dass die Mediation flexibel gestaltet werden kann, um den individuellen Bedürfnissen der Konfliktparteien gerecht zu werden. Der Mediator kann alternative Ansätze anwenden, um die Parteien dazu zu ermutigen, aktiv am Mediationsprozess teilzunehmen und von den Vorteilen der Mediation zu profitieren.

Abschließend lässt sich sagen, dass die praktische Anwendung mediativer Elemente eine entscheidende Rolle für den Erfolg einer Mediation spielt. Die Fähigkeit des Mediators, die Herausforderungen zu erkennen, die Mediationstechniken entsprechend anzupassen und eine vertrauensvolle und unterstützende Umgebung zu schaffen, trägt maßgeblich zur Effektivität und Qualität des Mediationsprozesses bei.

V. Mediative Elemente und Techniken

Im vorherigen Kapitel haben wir uns mit den Grundlagen der Mediation und den verschiedenen Aspekten der Konfliktlösung beschäftigt. Nun ist es an der Zeit, tiefer in die mediativen Elemente und Techniken einzutauchen, die das Herzstück eines erfolgreichen Mediationsprozesses bilden. Die mediativen Elemente und Techniken stellen ein vielfältiges Werkzeugset dar, das Mediatoren dabei unterstützt, den Konflikt zu verstehen, die Kommunikation zu fördern und kreative Lösungen zu entwickeln.

Um eine klare Struktur in die Vielfalt der mediativen Elemente und Techniken zu bringen, habe ich sie in verschiedene Gruppierungen eingeteilt. Jede Gruppierung konzentriert sich auf einen bestimmten Aspekt der Mediation und bietet spezifische Ansätze und Werkzeuge, um den Mediationsprozess zu unterstützen.

In diesem Kapitel werden wir uns mit den einzelnen Gruppierungen befassen und ihre zentralen Elemente und Techniken genauer betrachten. Wir werden verstehen, wie diese Elemente und Techniken zur Förderung der Kommunikation, zur kreativen Problemlösung, zum Umgang mit Emotionen und Konflikten, zum Aufbau von Vertrauen und zur Flexibilität beitragen. Jede Gruppierung wird durch Beispiele und Übungsanleitungen veranschaulicht, um Ihnen eine praktische Anwendung dieser Techniken zu ermöglichen.

Indem wir uns mit den mediativen Elementen und Techniken auseinandersetzen, werden Sie erkennen, wie sie einen wirkungsvollen Beitrag zur Konfliktlösung leisten können. Egal ob Sie Mediator sind, der seine Fähigkeiten erweitern möchte, oder eine Person, die in Konfliktsituationen effektive

Kommunikationsstrategien erlernen möchte, dieses Kapitel
bietet Ihnen wertvolles Wissen und praktische Werkzeuge, um
Konflikte auf eine konstruktive und harmonische Weise zu lösen.

Tauchen Sie also mit mir ein in die Welt der mediativen Elemente und Techniken und lassen Sie uns gemeinsam die Kunst
der Konfliktlösung erforschen.

1. Kommunikation und Verständnis fördern

Kommunikation spielt eine zentrale Rolle in der Mediation.
Sie ermöglicht den Austausch von Informationen, Bedürfnissen und Perspektiven zwischen den Konfliktparteien. Um eine
effektive Kommunikation zu gewährleisten und das Verständnis zwischen den Beteiligten zu fördern, werden in der Mediation verschiedene Techniken eingesetzt. In diesem Kapitelab-
schnitt werden wir uns mit den folgenden Techniken auseinandersetzen: aktives Zuhören, wertschätzende und respektvolle
Kommunikation, mediativer Sprachgebrauch und die vier Seiten einer Nachricht.

a) Aktives Zuhören

Aktives Zuhören ist eine grundlegende Fähigkeit in der Mediation. Es geht über das bloße Hören hinaus und beinhaltet ein
bewusstes und aufmerksames Hineinversetzen in die Perspektive des Gegenübers. Durch aktives Zuhören signalisieren wir
Interesse, Respekt und Wertschätzung für die Äußerungen un-
seres Gesprächspartners. Wir nehmen nicht nur die Worte
wahr, sondern auch die nonverbale Kommunikation, wie Körpersprache und Mimik. Durch gezielte Rückfragen, Zusam-
menfassungen und Paraphrasieren stellen wir sicher, dass wir
den Inhalt und die Bedeutung der Aussagen richtig verstehen.

Beispiel: Stellen Sie sich vor, Sie sind als Mediator in einem Konfliktgespräch zwischen zwei Nachbarn tätig. Der eine Nachbar beschwert sich darüber, dass der andere Nachbar regelmäßig laute Partys feiert. Indem Sie aktiv zuhören, können Sie seine Frustration und den Wunsch nach Ruhe und einem harmonischen Zusammenleben erkennen. Sie fassen seine Aussagen zusammen und stellen gezielte Fragen, um weitere Informationen zu erhalten und ein tieferes Verständnis für seine Perspektive zu gewinnen. Diesen Schritt wiederholen Sie im Gespräch mit dem Nachbar, der gerne laute Partys feiert. Wichtig dabei ist, dass die gegenseitigen Parteien an den Gesprächen teilnehmen, um die Situation des Nachbarn zu verstehen. Die durch aktives Zuhören gewonnenen Informationen können Ihnen helfen, den Konflikt der beiden Parteien aufzulösen. Oft können sich hier schon scheinbar verhärtete Fronten entschärfen und es kann zusammen nach einvernehmlichen Lösungen geschaut werden.

Übungsvorschläge:

- Üben Sie das aktive Zuhören mit einem Partner. Lassen Sie Ihren Partner über ein bestimmtes Thema sprechen, während Sie aktiv zuhören und Rückmeldungen geben.
- Spielen Sie verschiedene Rollenszenarien durch, in denen Sie als Mediator aktiv zuhören und die Bedürfnisse und Anliegen der Konfliktparteien verstehen und zusammenfassen.

b) Wertschätzende und respektvolle Kommunikation

Wertschätzende und respektvolle Kommunikation legt den Grundstein für eine positive und konstruktive Atmosphäre in der Mediation. Es beinhaltet den respektvollen Umgang miteinander, das Anerkennen der unterschiedlichen Meinungen und das Vermeiden von abwertenden oder verletzenden Äußerungen. Durch wertschätzende Kommunikation schaffen wir eine offene und vertrauensvolle Umgebung, in der die Konfliktparteien sich gehört und respektiert fühlen.

Beispiel: Während der Mediation äußert eine Konfliktpartei ihre Sorgen und Ängste bezüglich der Konsequenzen einer bestimmten Entscheidung. Als Mediator reagieren Sie darauf mit Empathie und Verständnis, anstatt die Äußerungen abzuwerten oder zu kritisieren. Dies unterstreicht die Bedeutung von respektvoller Kommunikation und Anerkennung der emotionalen Dimension des Konflikts.

Ihre empathische und ruhige Reaktion signalisiert den Parteien, dass ihre Gefühle und Anliegen respektiert werden, und fördert ein Klima der Wertschätzung. Sie erinnern daran, dass in der Mediation jede Äußerung, jede Sorge und jeder Standpunkt von Bedeutung ist.

Durch die Betonung der Wichtigkeit der Meinung der betreffenden Person schaffen Sie Vertrauen und ermutigen beide Parteien, respektvoll miteinander umzugehen. Diese Anerkennung und Wertschätzung jedes Einzelnen trägt dazu bei, eine positive Atmosphäre in der Mediation zu schaffen und den Weg für gemeinsame Lösungen zu ebnen.

Übungsvorschläge:

- Üben Sie bewusst wertschätzende und respektvolle Kommunikation im Alltag. Achten Sie darauf, Ihre Wortwahl zu überprüfen und achtsam mit den Gefühlen anderer umzugehen.

- Spielen Sie Rollenspiele, in denen Sie als Mediator schwierige Situationen moderieren und darauf achten, dass die Konfliktparteien wertschätzend miteinander kommunizieren.

Eine achtsame Wortwahl ist ein wichtiger Bestandteil wertschätzender und respektvoller Kommunikation. Sie ermöglicht es uns, unsere Worte bewusst zu wählen und auf die Auswirkungen unserer Äußerungen auf andere Menschen zu achten. Hier sind einige Punkte, die Ihnen helfen können, eine achtsame Wortwahl in Ihrem Kommunikationsstil zu entwickeln:

aa) **Vermeiden Sie abwertende oder verletzende Begriffe:** Wählen Sie Worte, die höflich, respektvoll und freundlich sind. Vermeiden Sie Schimpfwörter, Sarkasmus oder abwertende Ausdrücke, die die Gefühle oder das Selbstwertgefühl anderer verletzen könnten.

bb) **Seien Sie klar und präzise:** Verwenden Sie klare und präzise Sprache, um Missverständnisse zu vermeiden. Vermeiden Sie es, vage oder unklare Ausdrücke zu verwenden, die zu Verwirrung führen könnten.

cc) **Vermeiden Sie Generalisierungen:** Achten Sie darauf, keine Pauschalurteile oder Verallgemeinerungen zu treffen. Sprechen Sie in spezifischen Situationen und konkreten Beispielen, um Ihre Aussagen verständlicher und weniger angreifend zu machen.

dd) **Betonen Sie die Ich-Botschaften:** Statt "Du machst immer..." oder "Du bist immer..." verwenden Sie Ich-Botschaften wie "Ich fühle mich..." oder "Ich brauche...". Dadurch geben Sie Ihren eigenen Standpunkt an, ohne den anderen direkt zu beschuldigen oder anzugreifen.

ee) **Vermeiden Sie Schuldzuweisungen:** Statt jemandem die Schuld zuzuweisen, konzentrieren Sie sich auf die Probleme oder Situationen und suchen Sie nach Lösungen. Betonen Sie die Zusammenarbeit und das gemeinsame Finden von Lösungen.

ff) **Geduld:** Zeigen Sie Geduld, besonders wenn jemand Schwierigkeiten hat, sich auszudrücken oder seine Gedanken zu sammeln.

gg) **Anerkennung aussprechen:** Loben Sie die Bemühungen und Erfolge anderer, um ihre Leistungen zu würdigen.

hh) **Höfliche Ausdrucksweise:** Verwenden Sie höfliche Ausdrücke wie "Bitte" und "Danke", um Ihre Kommunikation respektvoller zu gestalten.

ii) **Verständnis ausdrücken:** Zeigen Sie Verständnis für die Gefühle und Standpunkte anderer, indem Sie Sätze wie "Ich kann verstehen, wie du dich fühlst" verwenden.

jj) **Konstruktives Feedback:** Geben Sie Feedback in einer konstruktiven Art und Weise, die darauf abzielt, das Verhalten zu verbessern, anstatt zu kritisieren.

kk) **Hervorheben positiver Aspekte:** Betonen Sie positive Aspekte oder Stärken in Gesprächen, um das Selbstwertgefühl der anderen Person zu stärken.

ll) **Fragen stellen:** Stellen Sie offene Fragen, um ein tieferes Verständnis für die Gedanken und Gefühle der anderen Person zu gewinnen.

mm) **Respektieren von Meinungsverschiedenheiten:** Akzeptieren Sie, dass Menschen unterschiedliche Meinungen haben, und respektieren Sie diese Meinungsverschiedenheiten.

nn) **Empathie zeigen:** Versetzen Sie sich in die Lage der anderen Person und versuchen Sie, ihre Gefühle und Perspektiven nachzuvollziehen.

oo) **Respektieren von Privatsphäre:** Halten Sie vertrauliche Informationen vertraulich und respektieren Sie die Privatsphäre anderer.

Übungsvorschläge:

- Nehmen Sie sich bewusst Zeit, um Ihre Worte zu überdenken, bevor Sie sprechen. Fragen Sie sich: Ist meine Formulierung respektvoll? Wie könnte ich meine Botschaft klarer und präziser ausdrücken?
- Üben Sie das Formulieren von Ich-Botschaften, indem Sie Situationen aus Ihrem Alltag nehmen und diese in Ich-Form ausdrücken, um Ihre eigenen Gefühle und Bedürfnisse zu kommunizieren.

Durch eine achtsame Wortwahl können wir dazu beitragen, eine Atmosphäre des Verständnisses und der Wertschätzung zu schaffen, die den Dialog und die Lösungsfindung in der Mediation unterstützt.

c) Mediativer Sprachgebrauch

Der mediative Sprachgebrauch ist darauf ausgerichtet, die Kommunikation zu erleichtern und den Dialog zwischen den Konfliktparteien zu fördern. Er beinhaltet die Verwendung offener und neutraler Formulierungen, die das Gespräch nicht polarisieren oder zu Schuldzuweisungen führen. Durch den mediativen Sprachgebrauch können wir ein Klima der Zusammenarbeit und des Verständnisses schaffen.

Beispiel: Statt "Du hast immer recht" oder "Du liegst falsch" könnte der mediative Sprachgebrauch Sätze wie "Ich habe eine andere Perspektive" oder "Können wir gemeinsam nach einer Lösung suchen?" beinhalten. Diese Art der Formulierung ermöglicht es den Konfliktparteien, sich gegenseitig zuzuhören und ihre Standpunkte auszutauschen, ohne dass einer als "Sieger" oder "Verlierer" dasteht.

Übungsvorschläge:

- Führen Sie Gespräche, in denen Sie bewusst den mediativen Sprachgebrauch anwenden. Achten Sie auf Ihre Wortwahl und versuchen Sie, neutral und kooperativ zu formulieren.
- Spielen Sie Rollenspiele, in denen Sie als Mediator den Konfliktparteien helfen, ihre Sprache und Ausdrucksweise in eine mediativere Richtung zu lenken.

Der mediative Sprachgebrauch ist ein zentrales Element in der Mediation und fördert eine konstruktive und kooperative Kommunikation. Er hilft dabei, die Beziehungsebene zu stärken, Missverständnisse zu vermeiden und den Fokus auf gemeinsame Lösungen zu lenken. Hier sind einige Aspekte des mediativen Sprachgebrauchs, auf die Sie achten können:

aa) **Neutralität:** Versuchen Sie, Ihre Aussagen neutral zu formulieren und eine wertfreie Sprache zu verwenden. Vermeiden Sie Bewertungen, Schuldzuweisungen oder Vorwürfe. Bleiben Sie objektiv und beschreiben Sie die Situation oder das Problem sachlich.

Beispiel: Anstatt zu sagen "Du bist immer unpünktlich und respektlos", könnten Sie neutraler sagen "Ich habe bemerkt, dass es in der Vergangenheit zu Verzögerungen bei unseren Treffen gekommen ist."

bb) **Kooperative Sprache:** Betonen Sie die Zusammenarbeit und den gemeinsamen Lösungsansatz. Verwenden Sie Begriffe wie "wir", "gemeinsam" und "zusammen", um zu zeigen, dass Sie an einer konstruktiven Lösung interessiert sind.

Beispiel: Statt zu sagen "Das ist dein Problem, du musst es allein lösen", könnten Sie kooperativer formulieren "Lass uns gemeinsam nach einer Lösung suchen, die für uns beide funktioniert."

cc) **Offene Fragen:** Stellen Sie offene Fragen, um den Dialog zu fördern und das Verständnis zu vertiefen. Offene Fragen ermöglichen es den Beteiligten, ihre Gedanken und Gefühle auszudrücken und bieten Raum für neue Perspektiven.

Beispiel: Statt eine geschlossene Frage zu stellen, wie "Bist du mit der vorgeschlagenen Lösung einverstanden?", könnten Sie eine offene Frage stellen wie "Wie siehst du die vorgeschlagene Lösung? Gibt es Aspekte, die du noch berücksichtigen möchtest?"

dd) **Ich-Botschaften:** Nutzen Sie Ich-Botschaften, um Ihre eigenen Gefühle und Bedürfnisse auszudrücken, anstatt Annahmen über die Gefühle und Absichten anderer zu treffen. Dies hilft,

Konfliktpotenzial zu reduzieren und eine offene Kommunikation zu fördern.

Beispiel: Statt zu sagen "Du ignorierst immer meine Bedürfnisse", könnten Sie eine Ich-Botschaft verwenden wie "Ich fühle mich manchmal vernachlässigt, wenn meine Bedürfnisse nicht berücksichtigt werden."

Übungsvorschläge:

- Führen Sie bewusst Gespräche, in denen Sie den mediativen Sprachgebrauch anwenden. Achten Sie darauf, neutrale und kooperative Formulierungen zu wählen.
- Reflektieren Sie Ihre eigenen Aussagen und überlegen Sie, wie Sie sie noch mediativer gestalten können. Fragen Sie sich, ob Ihre Wortwahl die Zusammenarbeit und das Verständnis fördert.

Durch bewusstes Anwenden des mediativen Sprachgebrauchs können Sie zur Schaffung einer kooperativen und konstruktiven Gesprächsatmosphäre beitragen, die den Mediationsprozess unterstützt und die Chancen auf eine erfolgreiche Konfliktlösung erhöht.

d) Vier Seiten einer Nachricht (Sachinhalt, Selbstoffenbarung, Beziehungsebene, Appell)

Die vier Seiten einer Nachricht, entwickelt von Friedemann Schulz von Thun, bieten eine hilfreiche Perspektive, um die verschiedenen Ebenen einer Kommunikation zu verstehen. Jede Nachricht hat eine Sachinhaltsebene (was konkret gesagt wird), eine Selbstoffenbarungsebene (was über die eigene

Person ausgedrückt wird), eine Beziehungsebene (wie sich die Aussage auf die Beziehung zwischen den Gesprächspartnern auswirkt) und einen Appell (welche Handlung oder Reaktion vom Gegenüber erwartet wird). Durch das Bewusstsein für diese Ebenen können Missverständnisse reduziert und eine konstruktive Kommunikation gefördert werden.

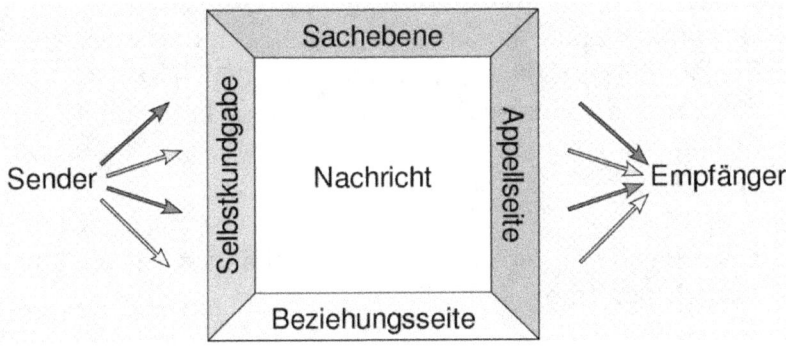

Beispiel: Eine Person sagt: "Du könntest auch mal etwas mehr Rücksicht auf meine Bedürfnisse nehmen und nicht immer nur an dich denken." Auf der **Sachinhaltsebene** äußert sie den Wunsch nach mehr Rücksichtnahme. Auf der **Selbstoffenbarungsebene** zeigt sie ihre Bedürfnisse und Gefühle. Auf der **Beziehungsebene** zeigt sie an, dass sie sich manchmal nicht ausreichend berücksichtigt fühlt. Der **Appell** liegt darin, indem sie die andere Person dazu auffordert, mehr Rücksicht auf ihre Bedürfnisse zu nehmen.

Ein weiteres Beispiel ist "Da ist etwas Grünes in der Suppe", das oft im Zusammenhang mit den Vier Seiten einer Nachricht von Friedemann Schulz von Thun verwendet wird. Es illustriert auf humorvolle Weise die verschiedenen Ebenen einer Kommunikation. Das Beispiel lautet wie folgt:

Beispiel: Stellen Sie sich vor, jemand sagt zu einer anderen Person: "Da ist etwas Grünes in der Suppe." Auf den ersten Blick mag diese Aussage einfach wie eine Feststellung auf der Sachinhaltsebene erscheinen. Es wird beschrieben, dass sich etwas Grünes in der Suppe befindet.

Doch wenn wir genauer hinschauen, können wir die anderen drei Ebenen entdecken:

- **Selbstoffenbarungsebene**: Die Person drückt aus, dass sie etwas in der Suppe entdeckt hat, dass sie beunruhigt oder irritiert. Sie teilt ihre eigene Wahrnehmung mit.
- **Beziehungsebene**: Die Art und Weise, wie die Aussage gemacht wird, kann auf die Beziehung zwischen den Gesprächspartnern hinweisen. Wenn die Aussage beispielsweise in einem vorwurfsvollen oder kritischen Ton getroffen wird, kann dies darauf hindeuten, dass die Beziehung angespannt ist oder dass die Person sich unwohl fühlt.
- **Appell:** In diesem Fall könnte der Appell darin bestehen, dass die Person möchte, dass das vermeintlich Grüne aus der Suppe entfernt wird oder dass jemand die Ursache dafür findet.

Das Beispiel zeigt, wie eine scheinbar einfache Aussage auf verschiedenen Ebenen wirken kann und wie wichtig es ist, die verschiedenen Aspekte einer Nachricht zu berücksichtigen, um ein umfassendes Verständnis zu erreichen.

Übungsvorschläge:

- **Kommunikationsanalyse:** Nehmen Sie sich bewusst Zeit, um Nachrichten in Ihrem Alltag zu analysieren. Identifizieren Sie die Sachinhaltsebene, die Selbstoffenbarungsebene, die Beziehungsebene und den Appell. Reflektieren Sie, wie sich diese Ebenen gegenseitig beeinflussen und wie sie die Kommunikation beeinflussen können.
- **Rollenspiele:** Führen Sie gemeinsam mit einem Partner oder in einer Gruppe Rollenspiele durch. Jeder übernimmt eine Rolle und versucht, seine Nachricht auf den verschiedenen Ebenen zu vermitteln. Achten Sie darauf, wie sich die Nachrichten auf die Interaktion und das Verständnis auswirken.
- **Feedbackübungen:** Geben Sie sich gegenseitig Feedback zu Ihrer Kommunikation. Konzentrieren Sie sich dabei auf die verschiedenen Ebenen einer Nachricht. Besprechen Sie, wie bestimmte Formulierungen auf den unterschiedlichen Ebenen wirken und welche Auswirkungen sie auf die Beziehung und das Verständnis haben können.

Es ist immer ratsam, sich bewusst zu sein, dass unsere Kommunikation auf verschiedenen Ebenen stattfindet und dass es hilfreich ist, die Vier Seiten einer Nachricht zu berücksichtigen, um Missverständnisse zu vermeiden und eine effektive und wertschätzende Kommunikation zu fördern. In der Mediation kann die bewusste Anwendung der Vier Seiten einer Nachricht dazu beitragen, dass die Teilnehmer ihre Aussagen klarer, feiner und verständlicher formulieren und somit den Mediationsprozess unterstützen.

2. Kreative Problemlösung

Kreative Problemlösungstechniken spielen eine entscheidende Rolle in der Mediation, da sie den Teilnehmern helfen, innovative und gemeinsame Lösungen zu entwickeln, die über den herkömmlichen Ansatz hinausgehen. Durch den Einsatz dieser Techniken können neue Perspektiven entdeckt, Kreativität gefördert und Win-Win-Lösungen gefunden werden.

a) **Win-Win-Lösungen finden:** Das Ziel der Mediation ist es, eine Lösung zu finden, die für alle Beteiligten akzeptabel und vorteilhaft ist. Die Idee der Win-Win-Lösungen basiert auf dem Konzept, dass ein erfolgreiches Ergebnis nicht bedeutet, dass eine Partei gewinnt und die andere verliert, sondern dass beide Parteien von der Lösung profitieren. Es geht darum, gemeinsame Interessen und Bedürfnisse zu identifizieren und Optionen zu entwickeln, die für alle Seiten zufriedenstellend sind.

Beispiel: In einer Mediation geht es um eine Nachbarschaftsstreitigkeit, bei der es um die Nutzung eines gemeinsamen Gartens geht. Anstatt sich auf ein starres Entweder-Oder-Szenario zu beschränken, können die Teilnehmer kreative Lösungen entwickeln, die den Bedürfnissen beider Parteien gerecht werden. Eine mögliche Win-Win-Lösung wäre beispielsweise die Einteilung des Gartens in verschiedene Bereiche, die von beiden Parteien genutzt werden können.

Übungsvorschläge:

- Identifizieren Sie eine aktuelle Herausforderung oder ein Problem, das Sie lösen möchten.
- Listen Sie die Bedürfnisse und Interessen aller beteiligten Parteien auf.
- Brainstormen Sie gemeinsam verschiedene Optionen, die für alle Beteiligten von Vorteil sein könnten.
- Evaluieren Sie die Optionen und wählen Sie eine Win-Win-Lösung aus, die für alle Parteien akzeptabel ist.

b) **Interessenbasierte Verhandlungstechniken:** Bei der kreativen Problemlösung in der Mediation spielt die Fokussierung auf Interessen eine wichtige Rolle. Statt sich ausschließlich auf Positionen zu konzentrieren, geht es darum, die dahinterliegenden Interessen und Bedürfnisse zu verstehen. Durch die Identifizierung und Berücksichtigung der Interessen können neue Lösungen gefunden werden, die den Kern des Konflikts ansprechen und zu einer nachhaltigen Vereinbarung führen.

Beispiel: In einem Mediationsverfahren zwischen Arbeitgeber und Arbeitnehmer geht es um die Frage der flexiblen Arbeitszeiten. Während der Arbeitnehmer eine größere Flexibilität wünscht, betont der Arbeitgeber die Notwendigkeit einer stabilen Arbeitszeitplanung. Durch die Interessenbasierte Verhandlung können die Parteien herausfinden, dass der Arbeitnehmer eine bessere Work-Life-Balance anstrebt und der Arbeitgeber sicherstellen möchte, dass die Produktivität und der Betrieb reibungslos funktionieren. Basierend auf diesen Interessen können sie kreative Lösungen entwickeln, wie z. B. flexible Kernarbeitszeiten mit gewissen Freiheiten.

Übungsvorschläge:

- Wählen Sie ein Konfliktthema aus, bei dem verschiedene Positionen aufeinandertreffen.
- Erkunden Sie die Interessen hinter den Positionen, indem Sie offene Fragen stellen und aktiv zuhören.
- Brainstormen Sie gemeinsam Möglichkeiten, wie die Interessen beider Parteien erfüllt werden können.
- Fokussieren Sie sich auf Lösungen, die den Kerninteressen gerecht werden und einen gegenseitigen Nutzen schaffen.

c) **Brainstorming und alternative Lösungsansätze:** Das Brainstorming ist eine bewährte Methode, um kreative Ideen und Lösungsansätze zu generieren. In der Mediation kann diese Technik genutzt werden, um verschiedene Optionen zu erkunden und innovative Lösungen zu finden. Es geht darum, eine Atmosphäre des freien Denkens und der Offenheit zu schaffen, in der alle Ideen willkommen sind.

Beispiel: In einer Mediation zwischen zwei Geschäftspartnern, die unterschiedliche Ansichten zur Marketingstrategie

41

haben, könnte das Brainstorming dazu dienen, neue und innovative Ansätze zu entwickeln. Indem sie verschiedene Ideen sammeln und kombinieren, können sie auf unkonventionelle Lösungen stoßen, die das Potenzial haben, ihren gemeinsamen Erfolg zu steigern.

Übungsvorschläge:

- Identifizieren Sie ein Problem oder eine Herausforderung, für die Sie alternative Lösungsansätze suchen.
- Schaffen Sie eine positive und kreative Atmosphäre, in der alle Ideen akzeptiert werden.
- Sammeln Sie Ideen von allen Teilnehmern, ohne sie zu bewerten oder zu diskutieren.
- Analysieren Sie gemeinsam die gesammelten Ideen und wählen Sie die vielversprechendsten Optionen aus.

Die Anwendung kreativer Problemlösungstechniken in der Mediation ermöglicht es den Teilnehmern, über konventionelle Lösungsansätze hinauszugehen und innovative Wege zu finden, um ihre Konflikte zu lösen. Durch den Fokus auf Win-Win-Lösungen, die Berücksichtigung von Interessen und die Nutzung von Brainstorming und alternativen Lösungsansätzen können die Teilnehmer konstruktive und nachhaltige Vereinbarungen erzielen.

3. Emotionen und Konflikte managen

Die Fähigkeit, Emotionen zu erkennen, zu verstehen und angemessen damit umzugehen, ist ein zentraler Aspekt in der

Mediation. Emotionen spielen eine wichtige Rolle bei Konflikten, da sie die Wahrnehmung, das Verhalten und die Kommunikation der Beteiligten beeinflussen können. Das effektive Management von Emotionen ermöglicht es den Teilnehmern, einen klaren Kopf zu bewahren, Konflikte konstruktiv anzugehen und eine positive Atmosphäre für die Lösungsfindung zu schaffen.

a) **Emotionale Intelligenz einsetzen:** Emotionale Intelligenz bezieht sich auf die Fähigkeit, eigene Emotionen wahrzunehmen, zu verstehen und angemessen darauf zu reagieren. In der Mediation ist es wichtig, dass Mediatoren und Teilnehmer ihre eigenen Emotionen sowie die Emotionen der anderen Parteien erkennen und damit umgehen können. Durch die Entwicklung emotionaler Intelligenz können die Teilnehmer empathischer kommunizieren, Konflikte besser verstehen und mögliche Lösungswege effektiver identifizieren.

Beispiel: In einer Mediation zwischen zwei Nachbarn, die sich über Lärmbelästigung beschweren, können starke Emotionen wie Frustration, Ärger oder Enttäuschung auftreten. Durch die Anwendung emotionaler Intelligenz können die Teilnehmer ihre eigenen Emotionen erkennen und kontrollieren, um in der Lage zu sein, ruhig und konstruktiv zu kommunizieren. Gleichzeitig ermöglicht es ihnen, die Emotionen des anderen wahrzunehmen und einfühlsam darauf zu reagieren, was zu einem besseren Verständnis und einer effektiveren Konfliktlösung beitragen kann.

Übungsvorschläge:

- Machen Sie eine Selbstreflexion und erkennen Sie Ihre eigenen Emotionen wie beispielsweise Wut, Trauer, Freude oder Angst in verschiedenen Situationen. Notieren Sie, wie sich diese Emotionen anfühlen und wie sie sich auf Ihr Verhalten auswirken.
- Praktizieren Sie bewusstes Atmen und Achtsamkeitsübungen, um Ihre Emotionen zu regulieren. Konzentrieren Sie sich auf Ihren Atem und nehmen Sie bewusst wahr, wie sich Ihre Emotionen verändern. Versuchen Sie, Ihre Atmung zu vertiefen und zur Ruhe zu kommen.
- Beobachten Sie die Emotionen anderer Menschen in Gesprächen und versuchen Sie, diese zu verstehen und angemessen darauf zu reagieren. Achten Sie auf nonverbale Signale wie Körpersprache, Tonfall und Gesichtsausdruck, um die Emotionen anderer Personen zu erkennen. Zeigen Sie Empathie, indem Sie auf ihre Gefühle eingehen und einfühlsam reagieren.

Durch das bewusste Management von Emotionen können die Teilnehmer in der Mediation ihre emotionalen Reaktionen besser kontrollieren, eine konstruktive Gesprächsatmosphäre aufrechterhalten und die Grundlage für eine erfolgreiche Konfliktlösung legen.

    b) **Konfliktmanagementtechniken:** Das Management von Konflikten ist ein entscheidender Teil der Mediation. Es geht darum, Konflikte nicht zu vermeiden, sondern sie aktiv anzugehen und zu bewältigen. Durch den Einsatz verschiedener Konfliktmanagementtechniken können die Teilnehmer lernen, Konflikte zu analysieren, die Ursachen zu identifizieren und konstruktive Lösungsansätze zu entwickeln.

Beispiel: In einer Mediation zwischen zwei Kollegen, die sich über unterschiedliche Arbeitsstile streiten, könnte der Konflikt wie folgt aussehen: Kollege A bevorzugt eine strukturierte und detaillierte Vorgehensweise, während Kollege B eher spontan und flexibel arbeitet. Dies führt zu Reibungen und Unzufriedenheit auf beiden Seiten, da sich beide Kollegen in ihrer Arbeitsweise eingeschränkt fühlen und das Gefühl haben, nicht ausreichend verstanden zu werden. Als Lösung könnte sich anbieten, feste Ziele zu vereinbaren. Diese sollten durch eine Arbeitsteilung, die den Bedürfnissen der beiden Kollegen erreichbar sein. Zusätzlich können noch Kompromisse gefunden werden, die eine Mischung aus strukturierten und flexiblen Arbeitsschritten erfordern, um das gegenseitige Verständnis und den respektvollen Umgang zu fördern.

Im Rahmen der Mediation können Konfliktmanagementtechniken eingesetzt werden, um den Konflikt zu deeskalieren und eine Lösung zu finden. Dazu gehören Techniken wie das aktive Zuhören, bei dem die Mediatoren und Teilnehmer den Standpunkt des anderen vollständig verstehen und respektieren, und das Erkennen von gemeinsamen Interessen, bei dem herausgearbeitet wird, welche Bedürfnisse und Ziele beide Kollegen teilen. Anschließend können Kompromisse erarbeitet werden, bei denen beide Seiten Zugeständnisse machen und eine Arbeitsweise finden, die für beide akzeptabel ist.

Übungsvorschläge:

- Identifizieren Sie einen Konflikt oder eine Konfliktsituation, mit der Sie konfrontiert sind. Analysieren Sie die Ursachen und Interessen hinter dem Konflikt.
- Nutzen Sie Konfliktmanagementtechniken wie das aktive Zuhören, indem Sie den Standpunkt des anderen Kollegen vollständig verstehen und respektieren. Stellen Sie sicher, dass Sie aktiv zuhören, Fragen stellen und sich in die Perspektive des anderen hineinversetzen.
- Finden Sie gemeinsame Interessen, indem Sie herausarbeiten, welche Bedürfnisse und Ziele sowohl Sie als auch der andere Kollege teilen. Konzentrieren Sie sich auf die Gemeinsamkeiten und suchen Sie nach Lösungen, die beiden Seiten gerecht werden.
- Erarbeiten Sie Kompromisse, bei denen beide Seiten Zugeständnisse machen und eine Arbeitsweise finden, die für beide akzeptabel ist. Achten Sie darauf, dass die Lösung fair und ausgewogen ist.

Durch das effektive Management von Emotionen und Konflikten können die Teilnehmer in der Mediation eine konstruktive Atmosphäre schaffen und den Fokus auf die Lösung des Konflikts legen. Die Anwendung von emotionaler Intelligenz und Konfliktmanagementtechniken ermöglicht es den Beteiligten, ihre Emotionen zu kontrollieren, empathisch zu kommunizieren und gemeinsam nach konstruktiven Lösungen zu suchen.

    c) **Umgang mit starken Emotionen:** Der Umgang mit starken Emotionen ist eine wichtige Fähigkeit, um Konflikte zu bewältigen und eine konstruktive Kommunikation aufrechtzuerhalten. Emotionen können den Verlauf eines

Konflikts erheblich beeinflussen und zu einer Eskalation führen. Daher ist es wichtig, Methoden und Techniken zu erlernen, um Emotionen zu erkennen, zu regulieren und angemessen damit umzugehen.

Beispiel: In einer Mediation zwischen zwei Partnern, die sich in einer persönlichen Beziehung befinden, sind starke Emotionen wie Wut, Enttäuschung und Verletzung vorhanden. Die Auseinandersetzung entstand aufgrund von Kommunikationsproblemen und unerfüllten Erwartungen. Beide Partner sind frustriert und haben Schwierigkeiten, ihre Emotionen zu kontrollieren, was zu weiteren Missverständnissen und Konflikten führt.

Im Umgang mit starken Emotionen können verschiedene Techniken eingesetzt werden, um eine konstruktive Konfliktlösung zu ermöglichen. Dazu gehören:

aa) **Emotionale Selbstreflexion:** Nehmen Sie sich Zeit, um Ihre eigenen Emotionen zu erkennen und zu verstehen. Fragen Sie sich, welche Emotionen in Ihnen aufkommen und wie sie sich auf Ihr Denken und Verhalten auswirken. Dieses Bewusstsein hilft Ihnen dabei, Ihre Emotionen besser zu regulieren und angemessen zu reagieren.

bb) **Achtsamkeitsübungen:** Praktizieren Sie bewusstes Atmen, Meditation oder andere Achtsamkeitsübungen, um sich in Momenten starker Emotionen zu beruhigen. Konzentrieren Sie sich auf Ihre Atmung und bringen Sie Ihre Aufmerksamkeit in den gegenwärtigen Moment.

Dies unterstützt Sie dabei, aus einer reaktiven Haltung herauszutreten und eine ruhigere und klarere Perspektive einzunehmen.

cc) **Empathie und Verständnis:** Versuchen Sie, die Emotionen des anderen zu erkennen und zu verstehen. Versetzen Sie sich in die Lage der anderen Person und betrachten Sie die Situation aus ihrer Perspektive. Dies fördert Mitgefühl und kann dazu beitragen, eine Brücke zwischen den unterschiedlichen Emotionen und Standpunkten zu schlagen.

Übungsvorschläge:

- Führen Sie regelmäßig emotionale Selbstreflexionen durch. Nehmen Sie sich Zeit, um Ihre eigenen Emotionen zu identifizieren, zu akzeptieren und zu verstehen. Schreiben Sie Ihre Beobachtungen und Gedanken auf, um ein tieferes Verständnis für Ihre Emotionsmuster zu entwickeln.
- Praktizieren Sie Achtsamkeitsübungen wie Atemübungen oder kurze Meditationen, insbesondere in Momenten starker Emotionen. Fokussieren Sie sich auf Ihre Atmung, spüren Sie Ihren Körper und beobachten Sie Ihre Gedanken und Emotionen, ohne ihnen zu erliegen.
- Üben Sie sich in Empathie und Verständnis, indem Sie bewusst versuchen, die Emotionen anderer Menschen in Gesprächen zu erkennen und zu verstehen. Stellen Sie Fragen, hören Sie aktiv zu und zeigen Sie Mitgefühl. Versuchen Sie, Gemeinsamkeiten zu finden und eine respektvolle Kommunikation zu fördern.

Durch den bewussten Umgang mit starken Emotionen können Sie Ihre Fähigkeit zur Konfliktbewältigung stärken und eine konstruktive Kommunikation fördern. Indem Sie sich selbst besser regulieren und Empathie für die Emotionen anderer entwickeln, schaffen Sie einen Raum für eine respektvolle und lösungsorientierte Auseinandersetzung mit Konflikten.

4. Vertrauen aufbauen und Beziehung stärken

Der Aufbau von Vertrauen und die Stärkung von Beziehungen sind entscheidende Elemente für eine erfolgreiche Kommunikation und Zusammenarbeit. Vertrauen bildet das Fundament für eine offene und ehrliche Kommunikation, während starke Beziehungen das Potenzial haben, Konflikte zu mildern und gemeinsame Ziele effektiver zu erreichen. Durch gezielte Maßnahmen können Sie ein vertrauensvolles Umfeld schaffen, Beziehungen aktiv gestalten und Empathie fördern.

a) **Aufbau eines vertrauensvollen Umfelds**

Ein vertrauensvolles Umfeld schafft eine Atmosphäre des Wohlwollens und der Offenheit, in der sich Menschen sicher fühlen, ihre Gedanken und Gefühle auch offen auszudrücken. Hier sind einige Ansätze, um ein solches Umfeld zu fördern:

aa) **Offene Kommunikation:** Bieten Sie Raum für offene und ehrliche Gespräche. Ermutigen Sie die Beteiligten, ihre Gedanken und Gefühle frei zu äußern, ohne Angst vor negativen Konsequenzen zu haben.

bb) **Transparenz:** Praktizieren Sie Transparenz in Ihren Handlungen und Entscheidungen. Teilen Sie Informationen, die für andere relevant sind, und erklären Sie Ihre Absichten und Beweggründe.

cc) **Verlässlichkeit:** Halten Sie Ihre Versprechen und Verpflichtungen ein. Zeigen Sie Konsistenz in Ihrem Verhalten und lassen Sie andere wissen, dass sie sich auf Sie verlassen können.

b) **Beziehungsgestaltung und Empathie**

Eine gute Beziehung basiert auf Verständnis, Respekt und Empathie füreinander. Hier sind einige Möglichkeiten, um Beziehungen zu stärken:

aa) **Aktives Zuhören:** Zeigen Sie Interesse an den Anliegen und Bedürfnissen anderer. Hören Sie aktiv zu, stellen Sie Fragen und spiegeln Sie das Gehörte wider, um zu zeigen, dass Sie die Perspektive des anderen verstehen und wertschätzen.

bb) **Empathie zeigen:** Versetzen Sie sich in die Lage anderer Menschen und versuchen Sie, ihre Emotionen und Erfahrungen nachzuvollziehen. Zeigen Sie Mitgefühl und reagieren Sie angemessen auf ihre Bedürfnisse.

cc) **Wertschätzung ausdrücken:** Zeigen Sie Anerkennung und Wertschätzung für die Beiträge und Qualitäten anderer. Loben Sie ihre Erfolge und geben Sie ehrliches Feedback, um eine positive Atmosphäre der Zusammenarbeit zu fördern.

c) Kooperative Zusammenarbeit fördern

Eine kooperative Zusammenarbeit schafft ein Umfeld, in dem alle Beteiligten sich gehört und unterstützt fühlen. Hier sind einige Ansätze, um die kooperative Zusammenarbeit zu fördern:

aa) **Teamarbeit:** Fördern Sie eine Kultur der Teamarbeit und des Zusammenhalts, in der alle Mitglieder ihre Stärken einbringen können und gemeinsam an Lösungen arbeiten.

bb) **Konsensfindung:** Bemühen Sie sich um Konsens und Einvernehmen bei Entscheidungen. Berücksichtigen Sie die verschiedenen

Perspektiven und Interessen und suchen Sie nach Lösungen, die für alle akzeptabel sind.

cc) **Konstruktives Feedback:** Geben Sie konstruktives Feedback und ermutigen Sie andere, dies ebenfalls zu tun. Nutzen Sie Feedback als Chance zur Weiterentwicklung und zur Verbesserung der Zusammenarbeit.

Beispiel: In einem Teamprojekt arbeiten verschiedene Personen mit unterschiedlichen Hintergründen und Perspektiven zusammen. Durch den Aufbau eines vertrauensvollen Umfelds, die aktive Gestaltung der Beziehungen und die Förderung einer kooperativen Zusammenarbeit können sie Hindernisse überwinden und erfolgreich gemeinsame Ziele erreichen.

Übungsvorschläge:

• Reflektieren Sie Ihre eigenen Verhaltensweisen in Bezug auf Vertrauensbildung und Beziehungsstärkung. Identifizieren Sie Bereiche, in denen Sie Verbesserungspotenzial sehen.

• Wählen Sie eine Person in Ihrem beruflichen oder persönlichen Umfeld aus und suchen Sie aktiv nach Möglichkeiten, um eine vertrauensvolle Beziehung aufzubauen. Zeigen Sie Interesse, hören Sie aktiv zu und nehmen Sie sich Zeit für gemeinsame Aktivitäten.

• Praktizieren Sie Empathie, indem Sie bewusst versuchen, sich in die Lage anderer Menschen zu versetzen und ihre Perspektive zu verstehen. Üben Sie das Ausdrücken von Wertschätzung und Anerkennung für deren Beiträge.

• Initiieren Sie kooperative Arbeitsprojekte oder Aufgaben, bei denen verschiedene Personen zusammenarbeiten und gemeinsame Lösungen finden müssen. Fördern Sie eine positive und unterstützende Arbeitsatmosphäre.

Kooperative Arbeitsprojekte oder Aufgaben, bei denen verschiedene Personen zusammenarbeiten und gemeinsame Lösungen finden müssen, könnten in etwa so aussehen:

• **Brainstorming-Sitzungen:** Organisieren Sie eine Gruppensitzung, in der alle Teammitglieder ihre Ideen und Vorschläge zu einem bestimmten Thema oder Projekt einbringen können. Durch das gemeinsame Brainstorming entstehen neue Perspektiven und Möglichkeiten, um Probleme zu lösen oder innovative Lösungsansätze zu entwickeln.

• **Teamprojekte:** Starten Sie ein Teamprojekt, bei dem jedes Teammitglied eine spezifische Rolle und Verantwortung hat. Die Aufgaben und Ziele des Projekts erfordern eine enge Zusammenarbeit und den Austausch von Informationen, um das gewünschte Ergebnis zu erreichen.

• **Fallstudien oder Simulationsübungen:** Erstellen Sie Fallstudien oder simulieren Sie reale Szenarien, bei denen verschiedene Teammitglieder verschiedene Rollen einnehmen müssen, um eine gemeinsame Lösung zu finden. Dies fördert die Zusammenarbeit, die Kommunikation und die Fähigkeit, Kompromisse zu finden.

• **Teambuilding-Aktivitäten:** Organisieren Sie Teambuilding-Aktivitäten außerhalb des Büros, wie beispielsweise Outdoor-Abenteuer, Escape-Room-Spiele oder gemeinsame Kochsessions. Diese Aktivitäten bieten eine informelle Umgebung, in der Teammitglieder ihre Stärken

53

und Fähigkeiten einbringen können, um gemeinsame Herausforderungen zu meistern. Eine schnelle Team-Building-Maßnahme kann das Anheben des „Helium-Stabs" sein:

Vorbereitung: Benötigen Sie einen langen, leichten Gegenstand wie einen dünnen Stock oder eine Stange. Die Gruppe stellt sich im Kreis auf und hält den Stock waagerecht mit ausgestreckten Zeigefingern.

Ziel: Die Aufgabe besteht darin, den Stock gemeinsam auf den Boden oder wieder auf Brusthöhe zu senken, ohne dass die Finger den Stock loslassen.

Regeln: Die Finger dürfen den Stock nicht loslassen, und die Gruppe darf ihn nicht mit Gewalt drücken. Alle müssen den Stock gleichzeitig und gleichmäßig senken.

Herausforderung: Das Spiel ist eine Herausforderung in Sachen Koordination und Kommunikation. Oftmals führt der Versuch, den Stock abzusenken, dazu, dass er sich nach oben bewegt. Die Gruppe muss zusammenarbeiten, um dies zu verhindern.

Lernziele: Das Spiel fördert Teamarbeit, Kommunikation und Problemlösungsfähigkeiten. Es lehrt, wie wichtig es ist, sich auf ein gemeinsames Ziel zu konzentrieren und miteinander zu kommunizieren, um es zu erreichen.

Variationen: Sie können die Schwierigkeit erhöhen, indem Sie die Gruppe dazu auffordern, den Stock mit geschlossenen Augen abzusenken oder die Zeit zu stoppen, um die Leistung zu verbessern.

• **Cross-Funktionalen Austausch:** Fördern Sie den Austausch zwischen verschiedenen Abteilungen oder Teams in Ihrem Unternehmen. Organisieren Sie regelmäßige Treffen, in denen Vertreter aus verschiedenen Bereichen zusammenkommen, um ihre Perspektiven und Ideen auszutauschen. Dadurch entsteht ein breiteres Verständnis der Herausforderungen und Möglichkeiten und die Zusammenarbeit wird gefördert.

Diese Beispiele zeigen, wie kooperative Arbeitsprojekte oder Aufgaben die Zusammenarbeit und den Austausch von Ideen zwischen verschiedenen Personen fördern können. Durch die Schaffung einer positiven und unterstützenden Arbeitsatmosphäre werden Teammitglieder ermutigt, ihr Bestes zu geben und gemeinsam nach Lösungen zu suchen.

Indem Sie den Aufbau von Vertrauen und die Stärkung von Beziehungen bewusst in Ihren beruflichen und persönlichen Alltag integrieren, können Sie eine Atmosphäre schaffen, die eine effektive Kommunikation, eine erfolgreiche Zusammenarbeit und eine nachhaltige Konfliktbewältigung ermöglicht.

5. Flexibilität und Anpassungsfähigkeit

Flexibilität und Anpassungsfähigkeit sind entscheidende Fähigkeiten, um in Konfliktsituationen effektiv zu agieren und nachhaltige Lösungen zu finden. Indem Sie sich auf individuelle Bedürfnisse und Vorlieben einstellen, verschiedene Mediationstechniken je nach Situation nutzen und offen für alternative Ansätze und Lösungswege sind, können Sie die Flexibilität und Anpassungsfähigkeit in der Mediation fördern.

a) Anpassung an individuelle Bedürfnisse und Vorlieben

Jeder Mensch ist einzigartig, und das gilt auch für seine Bedürfnisse, Vorlieben und Perspektiven. Indem Sie sich auf die individuellen Bedürfnisse und Vorlieben der Konfliktparteien einstellen, schaffen Sie eine Atmosphäre des Respekts und der Wertschätzung. Hier sind einige Ansätze, um sich an individuelle Bedürfnisse anzupassen:

> **aa) Empathie und Sensibilität:** Zeigen Sie Empathie für die Bedürfnisse und Vorlieben der Beteiligten. Versuchen Sie, sich in ihre Lage zu versetzen und ihre Perspektive zu verstehen.
>
> **bb) Flexibilität bei der Lösungsfindung:** Seien Sie bereit, verschiedene Lösungsansätze zu erkunden und anzupassen, um den individuellen Bedürfnissen gerecht zu werden. Suchen Sie nach Kompromissen und Win-Win-Lösungen, die für alle Beteiligten akzeptabel sind.
>
> **cc) Individualisierung des Mediationsprozesses:** Passen Sie den Mediationsprozess an die individuellen Bedürfnisse der Konfliktparteien an. Berücksichtigen Sie ihre Kommunikationsstile, Präferenzen und ihre persönlichen Situationen, um eine effektive und maßgeschneiderte Mediation zu ermöglichen.

b) Nutzung verschiedener Mediationstechniken je nach Situation

In der Mediation stehen verschiedene Techniken und Ansätze zur Verfügung, die je nach Situation und Bedürfnissen der Beteiligten eingesetzt werden können. Hier sind einige Beispiele für Mediationstechniken:

aa) **Interessenbasierte Verhandlung:** Fokussieren Sie sich auf die zugrunde liegenden Interessen und Bedürfnisse der Konfliktparteien, anstatt sich ausschließlich auf Positionen zu konzentrieren. Durch das Finden von gemeinsamen Interessen können Sie eine Win-Win-Lösung entwickeln.

bb) **Aktives Zuhören und Reflexion:** Praktizieren Sie aktives Zuhören, um die Kommunikation zu verbessern und Missverständnisse zu reduzieren. Reflektieren Sie das Gehörte, um sicherzustellen, dass Sie die Aussagen der Beteiligten richtig verstanden haben.

cc) **Brainstorming und alternative Lösungsansätze:** Ermutigen Sie die Konfliktparteien, kreativ zu sein und alternative Lösungsansätze zu entwickeln. Durch das Brainstorming können neue Perspektiven und Ideen entstehen, die zu innovativen Lösungen führen können.

c) Offenheit für alternative Ansätze und Lösungswege

In der Mediation gibt es nicht nur eine richtige Lösung, sondern oft mehrere Ansätze und Lösungswege, die zum gewünschten Ergebnis führen können. Die Offenheit für alternative Ansätze ist entscheidend, um flexible Lösungen zu finden. Hier sind einige Möglichkeiten, um diese Offenheit zu fördern:

aa) **Denken außerhalb der Box:** Ermutigen Sie die Konfliktparteien, über traditionelle Lösungswege hinauszudenken. Betrachten Sie alternative Perspektiven und Ansätze, die möglicherweise noch nicht in Betracht gezogen wurden. Hierbei können Rollenspiele, ein externer Berater oder das Hinzuziehen neuer Technologien hilfreich sein. Auch der Blick über den Tellerrand kann gute Ergebnisse liefern. So kann man schauen, wie andere Organisationen oder Abteilungen mit ähnlichen Problemen umgehen.

bb) **Kreatives Problemlösen:** Nutzen Sie kreative Methoden wie Brainstorming, Mind Mapping oder Design Thinking, um neue Lösungsideen zu generieren. Diese Ansätze helfen dabei, innovative Lösungswege zu erkunden und neue Wege zu finden, um mit Konflikten umzugehen.

1. **Brainstorming:** Beim Brainstorming geht es darum, eine Vielzahl von Ideen und Lösungsmöglichkeiten zu sammeln, ohne diese sofort zu bewerten oder zu kritisieren. Die Grundregel dabei ist, dass jede Idee willkommen ist und es kein Richtig oder Falsch gibt. Durch das freie Assoziieren und die Kombination unterschiedlicher Gedanken können neue und unkonventionelle Lösungsansätze entstehen. Diese Methode fördert Kreativität, Teamarbeit und den Austausch von unterschiedlichen Perspektiven.

2. **Mind Mapping:** Mind Mapping ist eine visuelle Methode, bei der Gedanken und Ideen in Form eines Diagramms oder Netzwerks aufgezeichnet werden. Dabei werden Hauptthemen oder Ziele in der Mitte platziert und mit Zweigen verbunden, die weitere Ideen, Assoziationen oder Unterthemen repräsentieren. Durch das Erstellen eines Mind Maps können Zusammenhänge und Verbindungen zwischen verschiedenen Ideen sichtbar gemacht werden. Dies hilft dabei, neue Perspektiven einzunehmen und Lösungswege zu erkunden, die möglicherweise übersehen wurden.

3. **Design Thinking:** Design Thinking ist ein kreativer Prozess zur Problemlösung, der sich auf die Bedürfnisse und Perspektiven der Nutzer konzentriert. Dabei werden verschiedene Phasen wie das Verstehen, Beobachten, Ideengenerierung, Prototyping und Testen durchlaufen. Durch den empathischen Ansatz werden die Bedürfnisse und Herausforderungen der Beteiligten in den Fokus gerückt und innovative Lösungen entwickelt. Design Thinking fördert die Zusammenarbeit, das Experimentieren und das Lösen von Problemen aus verschiedenen Blickwinkeln.

cc) **Flexibilität in der Umsetzung:** Seien Sie bereit, verschiedene Lösungswege auszuprobieren und anzupassen, bis eine für alle Beteiligten zufriedenstellende Lösung gefunden wird. Das bedeutet auch, dass gewisse Kompromisse eingegangen werden können, um ein Gleichgewicht zwischen den Bedürfnissen und Interessen aller Beteiligten zu finden.

Beispiel: In einer Mediation zwischen zwei Geschäftspartnern, die unterschiedliche Vorstellungen von einer gemeinsamen Geschäftsstrategie haben, kann die Flexibilität und Anpassungsfähigkeit eine wichtige Rolle spielen. Indem der Mediator verschiedene Mediationstechniken wie interessenbasierte Verhandlung, aktives Zuhören und kreatives Problemlösen einsetzt, können alternative Ansätze und Lösungswege erkundet werden. Dies ermöglicht den Geschäftspartnern, ihre individuellen Bedürfnisse und Vorlieben einzubringen und letztendlich eine gemeinsame Geschäftsstrategie zu entwickeln, mit der beide zufrieden sind.

Übungsvorschläge:

• Identifizieren Sie eine Situation, in der Sie auf unterschiedliche Meinungen oder Lösungsansätze stoßen. Reflektieren Sie, wie offen Sie für alternative Ansätze sind und welche Rolle Flexibilität und Anpassungsfähigkeit in diesem Zusammenhang spielen.

• Setzen Sie sich bewusst mit unterschiedlichen Perspektiven auseinander und versuchen Sie, alternative Lösungswege zu finden. Stellen Sie sich vor, Sie wären in der Rolle des anderen und betrachten Sie die Situation aus dieser Perspektive.

• Experimentieren Sie mit verschiedenen Herangehensweisen und Lösungsansätzen. Ermutigen Sie sich selbst und andere dazu, neue Ideen zu generieren und innovative Lösungen zu finden.

• Reflektieren Sie den Prozess und die Ergebnisse Ihrer Bemühungen, alternative Ansätze und Lösungswege zu nutzen. Beachten Sie, wie sich Ihre Flexibilität und Anpassungsfähigkeit auf den Verlauf und das Ergebnis der Situation ausgewirkt haben.

Indem Sie flexibel und anpassungsfähig sind, können Sie in der Mediation und im Umgang mit Konflikten kreative Lösungswege finden und erfolgreiche Ergebnisse erzielen. Die Bereitschaft, sich auf individuelle Bedürfnisse einzustellen, verschiedene Mediationstechniken anzuwenden und alternative Ansätze zu erkunden, eröffnet neue Möglichkeiten zur Konfliktbewältigung und fördert eine nachhaltige und zufriedenstellende Lösungsfindung.

6. Nähe und Distanz

In der Mediation spielt die Frage nach Nähe und Distanz eine wichtige Rolle. Es geht darum, ein Bewusstsein für die eigenen Nähe- und Distanzbedürfnisse zu entwickeln und eine ausgewogene Balance zwischen ihnen zu finden. Die Gestaltung des richtigen Maßes an Nähe und Distanz kann dabei helfen, eine vertrauensvolle Atmosphäre zu schaffen und die Kommunikation zwischen den Parteien zu erleichtern.

a) Bewusstes Hinterfragen der eigenen Nähe- und Distanzbedürfnisse

Es ist wichtig, sich der eigenen Nähe- und Distanzbedürfnisse bewusst zu sein und diese zu reflektieren. Manche Menschen fühlen sich in Konfliktsituationen wohler, wenn sie einen gewissen Abstand wahren können, während andere sich nach Nähe und emotionaler Verbundenheit sehnen. Indem man sich selbst ehrlich hinterfragt und seine individuellen Bedürfnisse erkennt, kann man eine bewusste Entscheidung darüber treffen, wie man Nähe und Distanz in der Mediation einsetzen möchte.

b) Förderung einer ausgewogenen Balance zwischen Nähe und Distanz in der Mediation

In der Mediation ist es von Bedeutung, eine ausgewogene Balance zwischen Nähe und Distanz herzustellen. Dies bedeutet, einerseits eine vertrauensvolle und unterstützende Atmosphäre zu schaffen, in der die Parteien sich sicher fühlen und ihre Bedürfnisse und Gefühle offen teilen können. Andererseits ist es wichtig, genügend Distanz zu wahren, um eine objektive Perspektive zu bewahren und mögliche emotionale Verstrickungen zu vermeiden. Der Mediator spielt hierbei eine wichtige Rolle, indem er den Raum schafft, in dem sich die Parteien frei äußern können, und gleichzeitig die notwendige Distanz wahrt, um einen neutralen und unvoreingenommenen Standpunkt einzunehmen.

Beispiel: In einer Mediationssitzung zwischen einem Arbeitgeber und einem Arbeitnehmer, der sich ungerecht behandelt fühlt, ist es für den Mediator wichtig, eine ausgewogene Balance zwischen Nähe und Distanz zu finden. Sie schafft ein vertrauensvolles Umfeld, in dem der Arbeitnehmer sich sicher fühlt, seine Sorgen und Bedenken zu teilen. Gleichzeitig wahrt sie jedoch genügend Distanz, um objektiv zu bleiben und die Perspektive des Arbeitgebers zu verstehen. Durch diese ausgewogene Balance kann sie eine effektive Kommunikation zwischen den Parteien fördern und eine Lösung finden, die für beide Seiten akzeptabel ist.

Übungsvorschläge:

• Reflektieren Sie Ihre eigenen Nähe- und Distanzbedürfnisse in Konfliktsituationen. Fragen Sie sich, ob Sie eher dazu neigen, näher an andere heranzutreten oder Distanz zu wahren. Identifizieren Sie mögliche Gründe für Ihre Präferenzen.

• Betrachten Sie eine vergangene Konfliktsituation aus verschiedenen Blickwinkeln und überlegen Sie, wie die Dynamik von Nähe und Distanz darin eine Rolle gespielt hat. Hat eine bestimmte Nähe oder Distanz zu Missverständnissen oder Konflikten geführt?

• Experimentieren Sie bewusst mit verschiedenen Abständen und Nähegraden in Ihrer Kommunikation. Beobachten Sie, wie sich dies auf Ihre Interaktionen und Beziehungen auswirkt.

• Praktizieren Sie Empathie, indem Sie versuchen, sich in die Lage anderer Menschen zu versetzen und ihre Bedürfnisse und Grenzen zu verstehen. Achten Sie dabei darauf, einen angemessenen Abstand zu wahren und gleichzeitig Verständnis und Mitgefühl zu zeigen.

Durch die bewusste Auseinandersetzung mit den eigenen Nähe- und Distanzbedürfnissen und die Förderung einer ausgewogenen Balance zwischen ihnen können Sie in der Mediation eine unterstützende und konstruktive Atmosphäre schaffen. Dies ermöglicht es den Parteien, sich offen auszudrücken und gemeinsam nach Lösungen zu suchen, während gleichzeitig die nötige Distanz gewahrt wird, um eine objektive Perspektive einzunehmen.

7. Nonverbale Kommunikation

Beschäftigt man sich mit der Kommunikation verbirgt sich oft mehr dahinter, als wir auf den ersten Blick sehen. Beschäftig man sich zum ersten Mal mit dem Thema, denkt man oftmals, dass man sich auf den bewussten Einsatz von Worten und das aufmerksame Zuhören konzentriert. Doch Kommunikation ist ein vielschichtiges Zusammenspiel von verbalen und nonverbalen Elementen. Paul Watzlawick brachte dies treffend auf den Punkt, als er sagte: "*Man kann nicht nicht kommunizieren.*" In diesem Abschnitt werden wir die Mehrabian-Regel genauer unter die Lupe nehmen, die uns lehrt, dass Kommunikation oft mehr über unsere nonverbalen Signale aussagt als über das, was wir tatsächlich sagen.

a) Die Wissenschaft hinter der Mehrabian-Regel

Albert Mehrabian, ein Pionier in der Erforschung der nonverbalen Kommunikation, brachte eine faszinierende Erkenntnis ans Licht: Nur 7% unserer Kommunikation bestehen aus verbalen Worten. Die verbleibenden 93% setzen sich aus zwei entscheidenden Komponenten zusammen:

1. Körpersprache (55%): Unsere Gesten, Mimik und Körperhaltung sprechen oft lauter als Worte. Denken Sie an das strahlende Lächeln eines Kindes beim Auspacken eines Geschenks oder an die angespannte Haltung einer Person in einem unangenehmen Gespräch. Unsere nonverbalen Signale sind oft ehrlicher als unsere Worte und verraten viel über unsere Emotionen, Absichten und Stimmungen.

Körpersprache kann gezielt eingesetzt werden, um die Kommunikation zu verbessern. Stellen Sie sich doch einmal vor einen Spiegel und beobachten Sie Ihre Körpersprache, während Sie verschiedene Emotionen ausdrücken. Arbeiten Sie daran, bewusst Signale der Offenheit und Freundlichkeit zu senden, um in Interaktionen positiver wahrgenommen zu werden.

2. Tonfall (38%): Unsere Stimme ist ein kraftvolles Werkzeug. Die Art und Weise, wie wir sprechen – der Tonfall, die Lautstärke und das Tempo – kann den Unterschied zwischen einer freundlichen Botschaft und einer beleidigenden Äußerung ausmachen. Ein liebevolles "Ich freue mich für dich" klingt anders als ein sarkastisches "Ich freue mich für dich."

Der Tonfall kann gezielt verändert werden, um eine Botschaft klarer und effektiver zu übermitteln. Zeichnen Sie doch einmal mithilfe Ihres Handys oder Computers Ihre eigene Stimme auf und bewerten Sie sie während verschiedener Gesprächssituationen. Experimentieren Sie mit verschiedenen Tonlagen, um herauszufinden, wie Sie Emotionen am besten ausdrücken können.

b) Praktische Anwendungen im Alltag

Die Mehrabian-Regel ist ein mächtiges Werkzeug, um effektiver zu kommunizieren. Egal, ob im Beruf, in Beziehungen oder im alltäglichen Umgang – Sie können sie nutzen, um sicherzustellen, dass eine Botschaft so ankommt, wie Sie es beabsichtigen.

In alltäglichen Situationen bietet sich die Gelegenheit zur Verbesserung Ihrer kommunikativen Fähigkeiten.

Achten Sie in Alltagsgesprächen bewusst auf Ihre Körpersprache und Ihren Tonfall. Versuchen Sie, Ihre nonverbalen Signale in Einklang mit Ihren verbalen Aussagen zu bringen, um Klarheit und Authentizität zu schaffen.

Jetzt, da Sie die Mehrabian-Regel kennen und verstehen, werden Sie nicht nur hören, was gesagt wird, sondern auch begreifen, was wirklich gemeint ist.

VI.   Spezifische Techniken

In der Mediation gibt es eine Vielzahl spezifischer Techniken, die Ihnen helfen können, den Mediationsprozess effektiv zu gestalten und Konflikte erfolgreich zu lösen.

Dieses Kapitel bietet Ihnen eine Vielzahl von spezifischen Techniken, um Konflikte zu bewältigen und konstruktive Lösungen zu finden. Durch die Anwendung dieser Techniken können Sie Ihre Kommunikationsfähigkeiten verbessern, Beziehungen stärken und effektivere Wege der Konfliktlösung entdecken. Probieren Sie die vorgestellten Beispiele und Übungen aus und beobachten Sie die positiven Veränderungen in Ihren zwischenmenschlichen Beziehungen.

1. Eisbergmodell

Das Eisbergmodell ist eine faszinierende Methode, die uns dabei hilft, die Unterscheidung zwischen sichtbaren Handlungen und den zugrunde liegenden Bedürfnissen und Interessen zu verstehen. Es ermöglicht uns, die verborgenen Aspekte von Konflikten zu erkennen und nachhaltige Lösungen zu finden. Dieses Modell findet vor allem in der Angewandten Psychologie, der Pädagogik und der Betriebswirtschaftslehre Anwendung, da es auf der 80/20-Regel des Pareto-Prinzips basiert und sich teilweise auf die allgemeine Persönlichkeitstheorie von Sigmund Freud stützt. Die 80/20-Regel, auch bekannt als das Pareto-Prinzip, besagt, dass in vielen Situationen etwa 80 Prozent der Ergebnisse aus etwa 20 Prozent der Ursachen resultieren. Dieses Prinzip wurde nach dem italienischen Ökonomen Vilfredo Pareto benannt, der es ursprünglich in der Volkswirtschaftslehre entdeckte.

Die Regel besagt, dass eine kleine Anzahl von Faktoren oder Aktivitäten für den Großteil der Ergebnisse oder Auswirkungen verantwortlich ist, während die große Mehrheit der Faktoren nur einen geringen Einfluss hat. Mit anderen Worten: Eine Minderheit von Ursachen erzeugt den Großteil der Effekte.

Eisbergmodell nach Freud

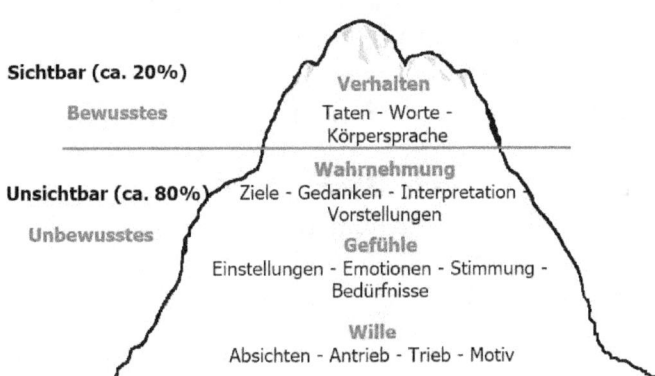

Das Eisbergmodell verdeutlicht, dass Kommunikation weit mehr als nur die verbalen Inhalte umfasst. Es besagt, dass die zwischenmenschliche Kommunikation nur zu rund 20 Prozent aus bewussten, sichtbaren und rationalen Informationen besteht, die auf der sogenannten Sachebene ausgedrückt werden. Hierzu gehören beispielsweise Zahlen, Daten, Fakten und eindeutige Aussagen.

Der weitaus größere Teil der Kommunikation liegt jedoch auf der unsichtbaren Beziehungsebene. Diese Ebene umfasst Ängste, Gefühle, Erfahrungen, Triebe, Instinkte und Traumata, die sich in der nonverbalen Kommunikation zeigen. Mimik, Gestik und vor allem der Tonfall können einer Aussage eine völlig neue Bedeutung verleihen und Emotionen,

Stimmungen, Wertvorstellungen sowie Absichten und Motive übertragen.

Das Eisbergmodell wurde inspiriert von Ernest Hemingways Metapher des Eisbergs, bei der er betonte, dass nur ein Achtel des Eisbergs über Wasser sichtbar ist. Sigmund Freud, der bekannte Psychoanalytiker, teilte das menschliche Bewusstsein in drei Bereiche: das Es, das Über-Ich und das Ich. Das Es steht für Triebe, Wünsche und Bedürfnisse, während das Über-Ich Werte, Normen und moralische Prinzipien umfasst. Das Ich sorgt für einen Ausgleich zwischen beiden Instanzen.

Paul Watzlawick wird die Übertragung des Modells auf die Kommunikation zugeschrieben. Dabei repräsentieren das Es und das Über-Ich im Eisbergmodell die unbewusste Beziehungsebene, während das Ich das ausdrückt, was ein Mensch tatsächlich durch Worte sagt.

Das Eisbergmodell hat in der Kommunikation eine große Bedeutung, da es verdeutlicht, dass die unsichtbaren und nonverbalen Aspekte der Kommunikation einen erheblichen Einfluss auf die tatsächliche Botschaft haben. Konflikte entstehen oft, wenn die Beziehungsebene ignoriert oder falsch interpretiert wird, und führen dazu, dass 80 Prozent der eigentlichen Nachricht nicht oder falsch verstanden werden.

Im Alltag können wir sehen, wie ein und dieselbe Aussage je nach Kontext und Beziehungsebene völlig unterschiedliche Bedeutungen haben kann. Beispielsweise kann die Aussage "Wie schön, dass du befördert wurdest" auf der Sachebene eine nette Gratulation sein, während sie mit einem bestimmten Tonfall oder einem Augenrollen kombiniert eine abwertende Botschaft vermitteln kann. Solche Beispiele verdeutlichen, wie wichtig es ist, sowohl die Sach- als auch die Beziehungsebene zu berücksichtigen, um Missverständnisse zu vermeiden.

Um Konflikte auf den verschiedenen Ebenen zu vermeiden, müssen wir zunächst die Ursache des Problems identifizieren. Konflikte auf der Sachebene können oft durch klare Kommunikation, das Klären von Fehlinformationen und die Berücksichtigung unterschiedlicher Gewichtungen gelöst werden. Konflikte auf der Beziehungsebene sind komplexer und erfordern eine Auseinandersetzung mit Rollenkonflikten, Wertekonflikten und Beziehungskonflikten. Selbstreflexion, Feedback und offene Kommunikation können hier hilfreich sein, um eine gemeinsame Basis zu finden.

Um das Verständnis für die Bedeutung der unsichtbaren Kommunikationsebene zu fördern, können Übungen durchgeführt werden. Eine Möglichkeit besteht darin, eigene Konflikte zu reflektieren und die tieferen Bedürfnisse und Interessen zu identifizieren, die hinter den offensichtlichen Konflikten stehen. Ein weiterer Ansatz ist ein Rollenspiel, bei dem man in die Perspektive der anderen Person schlüpft und versucht, deren Bedürfnisse zu verstehen und empathisch darauf einzugehen.

Das Eisbergmodell ist eine äußerst wertvolle Technik, um die eigentlichen Ursachen von Konflikten zu erkennen und konstruktive Lösungen zu finden. Indem wir uns bewusst machen, dass die sichtbaren Konflikte oft nur die Spitze des Eisbergs sind, können wir tiefer in die Bedürfnisse und Interessen eintauchen und langfristige Lösungen entwickeln. Es ermöglicht uns eine umfassendere Perspektive auf Konflikte und kann zu einer tiefgreifenden Veränderung führen.

Beispiel 1: Sarah und Max haben einen wiederkehrenden Konflikt über die Aufteilung der Hausarbeit. Sarah beschwert sich darüber, dass Max nicht genug im Haushalt hilft und seine Verantwortung vernachlässigt. Max wiederum fühlt sich von Sarah kontrolliert und erstickt. Auf der oberflächlichen Ebene dreht sich der Konflikt um die Aufgabenverteilung, aber tatsächlich steckt dahinter ein tieferes Bedürfnis nach Autonomie und Wertschätzung.

Lösung des Konflikts im Beispiel 1: Indem Sarah und Max das Eisbergmodell anwenden, erkennen sie, dass ihre offensichtlichen Konflikte tatsächlich auf tieferliegende Bedürfnisse zurückzuführen sind. Sarah sehnt sich nach mehr Unterstützung und Anerkennung für ihre Arbeit im Haushalt, während Max den Wunsch nach Eigenständigkeit und Respekt hat. Durch das Erkennen dieser Bedürfnisse können sie alternative Lösungen finden, die diesen Bedürfnissen gerecht werden. Sie können zum Beispiel einen Wochenplan erstellen, der sowohl Sarahs Bedürfnis nach Unterstützung als auch Max' Bedürfnis nach Autonomie berücksichtigt.

Beispiel 2: Anna und Tom haben immer wieder Konflikte über ihre unterschiedlichen Vorstellungen von Freizeitgestaltung. Anna liebt es, ihre Wochenenden mit Aktivitäten im Freien zu verbringen, während Tom sich lieber zu Hause entspannt und Filme schaut. Auf der oberflächlichen Ebene dreht sich der Konflikt um ihre unterschiedlichen Freizeitinteressen, aber dahinter liegen tiefere Bedürfnisse.

Lösung des Konflikts im Beispiel 2: Indem Anna und Tom das Eisbergmodell anwenden, erkennen sie, dass ihre offensichtlichen Konflikte tatsächlich auf tieferliegende Bedürfnisse zurückzuführen sind. Anna sehnt sich nach Abenteuer und gemeinsamen Erlebnissen, während Tom Ruhe und Entspannung sucht. Durch das Erkennen dieser Bedürfnisse können sie alternative Lösungen finden, die beiden gerecht werden. Sie könnten beispielsweise Kompromisse eingehen und abwechselnd Aktivitäten im Freien und gemütliche Filmabende zu Hause planen.

Übungsvorschläge:

- Reflektieren Sie Ihre eigenen Konflikte und versuchen Sie, die tieferen Bedürfnisse und Interessen zu identifizieren, die hinter den offensichtlichen Konflikten stehen.
- Führen Sie ein Rollenspiel durch, bei dem Sie in die Perspektive der anderen Person schlüpfen und versuchen, deren Bedürfnisse zu verstehen und empathisch darauf einzugehen.

Das Eisbergmodell ist eine äußerst wertvolle Technik, um die eigentlichen Ursachen von Konflikten zu erkennen und konstruktive Lösungen zu finden. Indem wir uns bewusst machen, dass die sichtbaren Konflikte oft nur die Spitze des Eisbergs sind, können wir tiefer in die Bedürfnisse und Interessen eintauchen und langfristige Lösungen entwickeln. Nutzen Sie das Eisbergmodell, um eine umfassendere Perspektive auf Konflikte zu gewinnen und eine tiefgreifende Veränderung herbeizuführen.

2. Lügen erkennen

Das Erkennen von Lügen ist ein wichtiger Aspekt in der Kommunikation und hilft uns, die Wahrhaftigkeit von Aussagen zu hinterfragen und eine vertrauensvolle Kommunikation aufzubauen. Der Volksmund sagt: „Wer einmal lügt, dem glaubt man nicht." Doch wie erkennen wir Lügen? Kommt ein notorischer Lügner mit seinen Geschichten immer wieder durch, fühlt er sich in seinem Verhalten bestätigt. Je häufiger Sie eine Lüge nicht erkennen, desto größer ist die Gefahr, dass Sie immer wieder belogen werden.

Ein hilfreiches Werkzeug, um Lügen zu erkennen, ist die Beobachtung der nonverbalen Signale wie Körpersprache, Augenkontakt und Stimmintonation. Diese Signale können mögliche Anzeichen für Unwahrheiten sein. Zum Beispiel kann vermeidender Blickkontakt, eine unruhige Körperhaltung oder stotternde Sprache darauf hindeuten, dass jemand möglicherweise lügt.

Darüber hinaus gibt es bestimmte Verhaltensmuster und Taktiken, die darauf hinweisen können, dass jemand lügt. Eine wiederholende Antwort wie "Wie meinen Sie das - ob ich das Geld aus der Kasse entwendet habe?" oder übertriebene Beteuerungen können Anzeichen für Unwahrheiten sein. Auch die Bezugnahme auf eine frühere Aussage, um nicht noch einmal lügen zu müssen, oder das Ausweichen auf andere Themen können Indizien für eine Lüge sein.

Ein weiteres Indiz für eine Lüge ist das Erröten der Wangen. Wer rot wird, schämt sich für etwas und ist sich der eigenen Lüge wahrscheinlich bewusst. Dieses körperliche Anzeichen lässt sich kaum unterdrücken und kann ein Hinweis auf eine Lüge sein.

Zudem versuchen Menschen, die lügen, oft einen gewissen Abstand zu wahren, um dem anderen nicht zu nahe zu sein. Dies kann sich durch einen kleinen Schritt zurück, ein leichtes Zurücklehnen oder das Verschränken der Arme vor der Brust zeigen.

Um Lügen effektiv zu entlarven und das Vertrauen wiederherzustellen, ist es wichtig, das erkannte Missverhältnis zwischen der Aussage und der Realität anzusprechen. Durch gezieltes Nachfragen und eine offene Kommunikation können Sie die Möglichkeit geben, die Aussage zu überdenken und mögliche Missverständnisse oder Gründe für die Unwahrheit zu klären.

Beispiel 1: Sarah behauptet: "Ich habe den Bericht bereits abgeschickt!" Doch Tom hat zufällig gesehen, dass der Bericht noch auf Sarahs Schreibtisch liegt. Hier besteht offensichtlich ein Widerspruch zwischen Sarahs Aussage und der tatsächlichen Situation. Tom erkennt, dass Sarah möglicherweise nicht die Wahrheit gesagt hat.

Lösung des Konflikts im Beispiel 1: Um den Konflikt in diesem Beispiel zu lösen und das Vertrauen wiederherzustellen, ist es wichtig, dass Tom das erkannte Missverhältnis zwischen Sarahs Aussage und der Realität anspricht. Durch gezieltes Nachfragen und eine offene Kommunikation kann er Sarah die Möglichkeit geben, ihre Aussage zu überdenken und mögliche Missverständnisse oder Gründe für ihre Unwahrheit zu klären. Indem beide Parteien eine offene und ehrliche Kommunikation führen, können sie das Vertrauen wieder aufbauen und Konflikte konstruktiv angehen.

Beispiel 2: Lisa behauptet gegenüber ihrem Partner, dass sie am Abend Überstunden im Büro gemacht hat und deshalb spät nach Hause kommt. Ihr Partner bemerkt jedoch, dass sie immer wieder auf ihr Handy schaut und nervös wirkt. Er hat Zweifel an ihrer Aussage und vermutet, dass sie möglicherweise eine Affäre hat und ihm die Wahrheit verschweigt.

Lösung des Konflikts im Beispiel 2: Um den Konflikt in diesem Beispiel zu lösen und die Wahrheit herauszufinden, könnte der Partner von Lisa das Gespräch suchen und seine Beobachtungen und Zweifel offen ansprechen. Indem er einfühlsam und respektvoll nachfragt, kann er Lisa die Möglichkeit geben, ihre Situation zu erklären und möglicherweise die Wahrheit zu sagen. Offene Kommunikation und gegenseitiges Verständnis sind entscheidend, um Vertrauen aufzubauen und den Konflikt konstruktiv anzugehen.

Das Erkennen von Lügen erfordert genaue Beobachtung der Körpersprache, des Tonfalls, der Augenbewegungen und anderer nonverbaler Signale. Es ist wichtig, diese Fähigkeit durch bewusste Wahrnehmung und Interpretation dieser Signale zu entwickeln. Übungen wie das Rollenspiel von Situationen, in denen Lügen aufgedeckt werden, können helfen, diese Fähigkeiten zu schärfen und das Vertrauen in der Kommunikation zu stärken.

Übungsvorschläge:

- Beobachten Sie bewusst nonverbale Signale wie Körpersprache, Augenkontakt und Stimmintonation, um mögliche Anzeichen für Lügen zu erkennen. Achten Sie zum Beispiel auf vermeidenden Blickkontakt, unruhige Körperhaltung, stotternde Sprache, errötete Wangen oder einen erhöhten Abstand zum Gesprächspartner.
- Spielen Sie eine Situation nach, in der Sie eine Lüge aufdecken. Üben Sie, gezielte Fragen zu stellen, um die Wahrheit ans Licht zu bringen, und üben Sie eine konstruktive Reaktion, um das Vertrauen wiederherzustellen und eine gemeinsame Lösung zu finden.

Das Erkennen von Lügen ist ein wertvolles Werkzeug, um die Wahrhaftigkeit von Aussagen zu hinterfragen und eine vertrauensvolle Kommunikation aufzubauen. Indem wir sensibilisiert sind für mögliche Anzeichen von Unwahrheiten und lernen, gezielte Fragen zu stellen, können wir dazu beitragen, ehrliche und offene Gespräche zu führen. Dies ermöglicht eine konstruktive Konfliktlösung und fördert eine vertrauensvolle Zusammenarbeit zwischen den Parteien. Ich kann Ihnen nur empfehlen, sich mit der weiteren Lektüre von Publikationen auseinanderzusetzen, die sich mit dem äußerst spannenden Gebiet der Lügen zu befassen.

3. Johari-Fenster

Das Johari-Fenster ist ein Modell, das uns dabei hilft, unsere Selbst- und Fremdwahrnehmung zu erkunden und unsere Kommunikation zu verbessern. Es basiert auf der Idee, den gemeinsamen Handlungsspielraum transparenter und weiter zu gestalten. Im Johari-Fenster wird dabei das linke obere Feld immer größer, während die anderen drei Felder kleiner werden.

mir bekannt	mir unbekannt
Ich als öffentliche Person	**Mein Blinder Fleck**
Mein Geheimnis	**Unbekanntes** (zu erforschen)

Andere teilen mir mit

Ich gebe preis

anderen bekannt

anderen unbekannt

Die vier Felder des Johari-Fensters sind:

1. **Öffentliches Feld:** In diesem Feld befinden sich Aspekte unserer Persönlichkeit, die sowohl uns als auch
   anderen bekannt sind. Es umfasst äußere Merkmale,
   persönliche Eigenschaften, Haltungen und Einstellun-
   gen, die nach außen hin sichtbar sind.

Beispiel: Anna ist eine offene und freundliche Person, die
von David als hilfsbereit und fürsorglich wahrgenommen
wird. Das Problem liegt darin, dass Anna ihre Gefühle der

Überforderung nicht immer nach außen zeigt, obwohl sie sich manchmal so fühlt.

Lösung des Konflikts im Beispiel: Um den Konflikt zu lösen, ist es wichtig, dass Anna offen mit David über ihre Gefühle der Überforderung spricht. Indem sie ehrlich kommuniziert, eröffnet sie die Möglichkeit für Verständnis und Unterstützung von Davids Seite. Durch diese offene Kommunikation können sie eine vertrauensvolle Beziehung aufbauen und gemeinsam Lösungswege finden.

2. **Blinder-Fleck-Feld:** In diesem Feld befinden sich Aspekte unserer Persönlichkeit, die anderen bekannt sind, uns selbst jedoch nicht bewusst sind. Andere können Verhaltensweisen und Merkmale bei uns erkennen, die wir bei uns selbst nicht wahrnehmen.

Beispiel: David bemerkt, dass Anna oft gestresst wirkt und sich manchmal überfordert fühlt, obwohl Anna sich dessen nicht bewusst ist. Das ist Teil von Annas blindem Fleck.

Lösung des Konflikts im Beispiel: Wenn David Anna auf ihren Stress und ihre Überforderung hinweist, kann Anna sich bewusst werden, dass sie diese Gefühle möglicherweise nicht immer nach außen zeigt. Durch das Feedback von David kann sie ihre Selbstwahrnehmung erweitern und gezielt an der Verbesserung ihres Umgangs mit Stress arbeiten.

3. **Geheimes Feld:** In diesem Feld befinden sich Aspekte unserer Persönlichkeit, die uns bekannt sind, aber anderen verborgen bleiben. Es beinhaltet persönliche Geheimnisse, Ängste, Wertvorstellungen oder intime Wünsche.

Beispiel: Anna hat eine Lese- und Rechtschreibschwäche, von der sie anderen nichts erzählt. Dies ist ein Teil ihres geheimen/unbekannten Feldes.

Lösung des Konflikts im Beispiel: Anna könnte sich entscheiden, anderen von ihrer Lese- und Rechtschreibschwäche zu erzählen. Dadurch würde sie Verständnis und mögliche Unterstützung von anderen erhalten. Indem sie persönliche Geheimnisse preisgibt, verringert sie den Aufwand, der für die Geheimhaltung betrieben werden musste, und erweitert ihren Handlungsspielraum in der Öffentlichkeit.

4. **Unbekanntes Feld:** In diesem Feld befinden sich Aspekte, die weder uns noch anderen bekannt sind. Es repräsentiert unentdecktes Terrain und beinhaltet mögliche, aber noch unentdeckte Persönlichkeitsmerkmale und Fähigkeiten.

Beispiel: Anna hat bisher noch nie ein Musikinstrument gespielt und weiß nicht, ob sie musikalisch begabt ist. Dieser Aspekt gehört zum unbekannten Feld.

Lösung des Konflikts im Beispiel: Um das unbekannte Feld zu erkunden, könnte Anna sich entscheiden, ein Musikinstrument auszuprobieren und herauszufinden, ob sie musikalisch begabt ist. Indem sie neue Erfahrungen macht, erweitert sie ihr Selbstverständnis und entdeckt möglicherweise unentdeckte Fähigkeiten.

Übungsvorschläge:

• **Johari-Adjektive:** Führen Sie die Johari-Adjektivübung durch. Sie erhalten eine Liste mit 56 Adjektiven, von denen Sie fünf oder sechs auswählen müssen, die Ihrer Meinung nach Ihre Persönlichkeit beschreiben. Die anderen Gruppenmitglieder erhalten dieselbe Liste und wählen Adjektive aus, die sie Ihrer Meinung nach beschreiben. Diese Adjektive werden dann in die entsprechenden Felder des Johari-Fensters platziert. Dadurch erhalten Sie Feedback über Ihre Selbst- und Fremdwahrnehmung und können Ihr Johari-Fenster erweitern. Die Liste beinhaltet folgende Adjektive:

akzeptierend	geschickt	mächtig	sentimental
albern	genial	mitfühlend	spontan
angespannt	glücklich	nachdenklich	still
anpassungsfähig	großzügig	nervös	stolz
aufmerksam	heiter	nett	suchend
bescheiden	hilfreich	organisiert	tapfer
bestimmt	idealistisch	reaktionsschnell	unabhängig
energievoll	intelligent	reif	verlässlich
entspannt	introvertiert	religiös	vernünftig
extrovertiert	kompetent	ruhig	vertrauenswürdig
fähig	komplex	scheu	warmherzig
freundlich	kühn	schlau	weise
fürsorglich	liebevoll	selbstbewusst	witzig
geduldig	logisch	selbstsicher	würdevoll

- **Feedback von anderen:** Bitten Sie Freunde, Familie oder Kollegen um Feedback zu Ihrem Verhalten und Ihrer Kommunikation. Fragen Sie gezielt nach deren Wahrnehmung und Einschätzung Ihrer Persönlichkeit. Dadurch erhalten Sie neue Erkenntnisse über sich selbst und können Ihr Johari-Fenster erweitern.
- **Preisgabe persönlicher Geheimnisse:** Teilen Sie persönliche Geheimnisse mit anderen, um den Aufwand der Geheimhaltung zu verringern und Freiheit und Handlungsspielraum in der Öffentlichkeit zu vergrößern.
- **Mitteilung von Beobachtungen:** Teilen Sie Beobachtungen über blinde Flecken direkt mit den betroffenen Personen. Dadurch gewinnen sie Erkenntnisse über sich selbst und können Ihren privaten und öffentlichen Handlungsspielraum bewusster wahrnehmen und ausfüllen.

Das Johari-Fenster ist ein wertvolles Werkzeug, um unsere Selbst- und Fremdwahrnehmung zu erkunden und unsere Kommunikation zu verbessern. Indem wir uns bewusst mit unseren eigenen Stärken und Schwächen auseinandersetzen und auch das Feedback anderer wertschätzen, können wir unser Selbstverständnis erweitern und unsere zwischenmenschlichen Beziehungen stärken. Dies ermöglicht eine offene und authentische Kommunikation, die zu einer konstruktiven Konfliktlösung beitragen kann.

4. Projektionen

Die bewusste Auseinandersetzung mit Projektionen hilft Ihnen, Ihre eigenen Erwartungen zu erkennen und die Realität objektiver wahrzunehmen. Projektionen sind ein psychologischer Verteidigungsmechanismus, bei dem Sie Ihre eigenen ungelösten Bedürfnisse, Ängste oder Wünsche auf andere Menschen übertragen. Oftmals geschieht dies unbewusst, ohne dass Sie sich vollständig über Ihre Projektionen im Klaren sind. Indem Sie sich dieser Projektionen bewusstwerden, können Sie Ihre Kommunikation verbessern und Missverständnisse reduzieren.

Beispiel: Sarah sagt zu Tim: "Du solltest immer für mich da sein, wenn ich dich brauche!". Tim antwortet darauf: "Aber ich habe meine eigenen Verpflichtungen und kann nicht immer verfügbar sein." Hier zeigt sich eine Diskrepanz zwischen Sarahs Erwartungen und der Realität von Tim. Sie können erkennen, dass Sarah ihre eigenen Bedürfnisse und Wünsche auf Tim projiziert hat.

Lösung des Konflikts im Beispiel: Um den Konflikt zu lösen und eine ausgewogene Beziehung aufzubauen, ist es wichtig, dass Sarah sich bewusst wird, dass ihre Erwartungen möglicherweise unrealistisch sind. Indem sie ihre Bedürfnisse klar kommuniziert und realistische Erwartungen setzt, kann sie gemeinsam mit Tim nach Lösungen suchen, die für beide Seiten akzeptabel sind. Dies ermöglicht eine gesunde und ausgewogene Beziehung.

Die bewusste Auseinandersetzung mit Projektionen erfordert Selbstreflexion und Achtsamkeit. Indem Sie Ihre eigenen Gedanken, Gefühle und Motive hinterfragen, können Sie erkennen, ob Sie sie auf andere Personen übertragen. Oftmals projizieren wir unbewusst unsere eigenen ungelösten Konflikte, Ängste oder Wünsche auf andere, ohne dies zu bemerken.

Um bewusster mit Projektionen umzugehen und den interessierten Beobachter in Ihnen zu aktivieren, können Sie die folgenden Tipps ausprobieren:

- Beobachten Sie Ihre Gedanken: Nehmen Sie sich Zeit an einem ruhigen Ort, atmen Sie tief durch und schließen Sie die Augen. Beobachten Sie, welche Gedanken auftauchen, ohne sie zu bewerten. Regelmäßiges Meditieren kann hier sehr hilfreich sein.
- Schreiben Sie Ihre Gedanken auf: Nehmen Sie sich einen Zettel und einen Stift und schreiben Sie alle Gedanken nieder, die auftauchen, bis Sie alles niedergeschrieben haben.
- Lesen Sie Ihre Gedanken: Lesen Sie das Geschriebene durch und beobachten Sie, welche Gefühle dabei in Ihnen entstehen.
- Betrachten Sie Ihre Gedanken genauer: Wählen Sie einen Ihrer Gedanken aus und fragen Sie sich, welche Bedürfnisse dieser Gedanke erfüllt. Fragen Sie sich auch, ob der Gedanke wahr ist und wie Sie sich dabei fühlen.
- Seien Sie achtsam gegenüber Ihren Gefühlen: Achten Sie darauf, wie Ihre Gedanken Gefühle in Ihnen auslösen und wie diese wiederum zu weiteren Gedanken führen. Seien Sie sich des Kreislaufs zwischen Gedanken und Gefühlen bewusst.
- Finden Sie gute Ergänzungen: Versuchen Sie negative Gedanken in positive umzuwandeln, indem Sie alternative Perspektiven einnehmen. Fragen Sie sich

beispielsweise: "Ich habe bis jetzt xy geglaubt, aber eigentlich ..."

- Üben Sie im Alltag: Halten Sie immer wieder kurz inne, um mit Ihren Gedanken und Gefühlen in Kontakt zu kommen. Je häufiger Sie dies praktizieren, desto mehr wird das Beobachten Ihrer Gefühle zu einem normalen Bestandteil Ihres Alltags.

Diese sieben Tipps können Ihnen helfen, bewusster mit Projektionen umzugehen und den interessierten Beobachter in Ihnen zu aktivieren. Durch die Beobachtung Ihrer Gedanken und Gefühle können Sie eine größere Klarheit über Ihre eigenen Projektionen erlangen und eine gesunde Selbstreflexion fördern.

Übungsvorschläge:

- Reflektieren Sie Ihre eigenen Erwartungen in verschiedenen Beziehungen (z. B. partnerschaftlich, freundschaftlich, beruflich) und überlegen Sie, ob diese Erwartungen realistisch sind. Fragen Sie sich, ob sie auf tatsächlichen Bedürfnissen basieren oder möglicherweise aus ungelösten eigenen Themen stammen. Nehmen Sie sich Zeit, um über Ihre Gefühle und Motive nachzudenken und notieren Sie Ihre Erkenntnisse.
- Führen Sie offene Gespräche mit anderen Personen über Erwartungen und klären Sie eventuelle Missverständnisse. Sprechen Sie über Ihre Erwartungen aneinander und finden Sie gemeinsam heraus, ob und wie diese Erwartungen erfüllt werden können. Seien Sie dabei offen für Feedback und nehmen Sie die Perspektive des anderen ein. Dies fördert das Verständnis füreinander und kann dazu beitragen, eine realistische Basis für die Beziehung zu schaffen.

Die bewusste Auseinandersetzung mit Projektionen ermöglicht es Ihnen, Ihre eigenen Erwartungen zu erkennen und die Realität objektiver wahrzunehmen. Indem Sie sich Ihrer Projektionen bewusstwerden und eine offene Kommunikation pflegen, können Sie Missverständnisse reduzieren und eine gesunde und ausgewogene Beziehung aufbauen. Dies trägt zu einer konstruktiven Konfliktlösung und einer harmonischen zwischenmenschlichen Interaktion bei.

5. Konfliktkosten und Konsequenzen

Das Bewusstsein für Konfliktkosten hilft uns, die Auswirkungen von Konflikten zu erkennen und motiviert uns, nach Lösungen zu suchen. Konflikte können sowohl auf persönlicher als auch auf zwischenmenschlicher Ebene erhebliche Kosten und Konsequenzen haben. Es ist wichtig, diese Konsequenzen zu verstehen, um die Dringlichkeit der Konfliktlösung zu erkennen und die Bereitschaft zur Zusammenarbeit zu fördern.

Beispiel: Julia sagt: "Es ist nur ein kleiner Streit. Es lohnt sich nicht, darüber zu reden." Alex antwortet: "Aber jeder Streit kann zu weiteren Spannungen und Beeinträchtigungen der Beziehung führen." Hier erkennt Alex die potenziellen Konsequenzen eines scheinbar kleinen Konflikts und betont die Bedeutung, ihn frühzeitig anzugehen.

Lösung des Konflikts im Beispiel: Julia erkennt durch Alex' Perspektive, dass auch kleine Konflikte langfristige Auswirkungen haben können. Dieses Bewusstsein motiviert sie, offener für Kommunikation und Lösungsfindung zu sein. Indem sie Konflikte frühzeitig angehen und proaktiv Lösungen suchen, können sie die Konsequenzen minimieren und eine gesunde Beziehung aufrechterhalten.

Übungsvorschläge:

- Überlegen Sie, welche Kosten und Konsequenzen ein bestimmter Konflikt haben könnte. Denken Sie an persönliche, berufliche oder zwischenmenschliche Konsequenzen. Stellen Sie sich Fragen wie: Welche Auswirkungen könnte dieser Konflikt auf meine emotionale Gesundheit haben? Wie könnte er meine Arbeit oder meine Beziehung beeinflussen? Überlegen Sie dann, wie Sie diese Konsequenzen verhindern oder minimieren können. Dies kann dazu beitragen, eine größere Motivation zur Konfliktlösung zu entwickeln.
- Entwickeln Sie Strategien, um Konflikte frühzeitig zu erkennen und proaktiv anzugehen. Üben Sie, Konfliktanzeichen wie Spannungen, Missverständnisse oder Kommunikationsprobleme zu erkennen. Achten Sie auf Verhaltensänderungen, zurückhaltende Reaktionen oder passive Aggressivität. Wenn Sie Anzeichen eines Konflikts bemerken, implementieren Sie Maßnahmen wie offene Gespräche oder Mediation, um den Konflikt rechtzeitig zu lösen.

Indem Sie sich bewusst sind, welche Konsequenzen Konflikte haben können und wie Sie sie minimieren können, sind Sie besser gerüstet, um proaktiv auf Konflikte zu reagieren und langfristig positive Beziehungen aufrechtzuerhalten.

6. Neun Stufen in den Abgrund

Die Erkennung der Eskalationsstufen eines Konflikts hilft uns, Konflikte rechtzeitig zu deeskalieren und eine konstruktive Lösung zu finden. Konflikte haben oft eine Tendenz zur Eskalation, bei der die negativen Emotionen und die Intensität des Konflikts immer weiter zunehmen. Indem wir die neun Stufen der Eskalation verstehen, können wir frühzeitig intervenieren und den Konflikt in eine positive Richtung lenken.

Nach Friedrich Glasl gibt es neun unterschiedliche Eskalationsstufen einer Auseinandersetzung, die sich in drei Hauptphasen unterteilen lassen. Jede Phase beinhaltet drei Eskalationsstufen und kennzeichnet einen fließenden Übergang zu intensiveren Konfliktausprägungen.

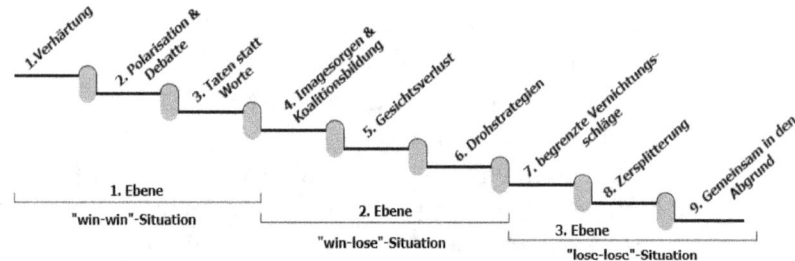

1. **Stufe: Verhärtung**: Die erste Eskalationsstufe ist die Verhärtung. In dieser Phase sind Spannungen und Reibungen zwischen den Konfliktparteien vorhanden, jedoch noch auf einer eher oberflächlichen Ebene. Es gibt unterschiedliche Meinungen und gelegentliche Spannungen, aber die Konfliktparteien können das Problem noch auf sachlicher Ebene lösen.

Beispiel: Angenommen, ein Paar mit Kindern hat unterschiedliche Vorstellungen über die Aufteilung der Hausarbeit. Es treten gelegentlich Sticheleien und Spannungen auf, aber bisher können sie diese Konflikte noch auf einer sachlichen Ebene ansprechen und lösen.

In dieser Phase ist es entscheidend, proaktiv zu handeln und konstruktive Lösungsansätze zu fördern, bevor der Konflikt eskaliert. Ziel ist es, die Spannungen abzubauen und zu verhindern, dass der Konflikt in den weiteren Eskalationsstufen zunimmt.

Um den Konflikt im Beispiel zu lösen könnte das Paar sich überlegen, einen Plan aufzustellen, der die Aufgaben im Haushalt klar benennt und aufteilt. Dies sollten sie zusammen und in Ruhe machen, damit die Bedürfnisse des jeweils anderen, etwa hinsichtlich des Zeitmanagements, Beachtung finden.

2. **Stufe: Polarisation & Debatte:** Die zweite Eskalationsstufe ist die Polarisation und Debatte. Hier intensivieren sich die Diskussionen und Debatten zwischen den Konfliktparteien. Es entsteht eine Art Schwarz-Weiß-Denken, bei dem die Kontrahenten ihre Standpunkte hartnäckig verteidigen und den anderen nicht mehr angemessen wahrnehmen.

Beispiel: Das Paar führt nun häufiger und intensivere Diskussionen über die Hausarbeit. Beide Partner argumentieren vehement für ihre Sichtweise und sind nicht mehr bereit, Kompromisse einzugehen. Die Kommunikation wird zunehmend von Polarisierung und Gegnerschaft geprägt.

Die Lösung in dieser Eskalationsstufe erfordert Geduld, die Fähigkeit zur Selbstreflexion und den Willen, sich auf gemeinsame Ziele zu konzentrieren. Es ist wichtig, die Kommunikation zu verbessern und zu verhindern, dass die Debatte weiterhin von Polarisierung und Gegnerschaft geprägt ist. Dies kann dadurch passieren, dass sich die Partner eine Pause nehmen, um das eigene Gemüt abzukühlen und das Geschehene zu reflektieren. Wenn dies geschehen ist, sollte sich das Paar erneut versuchen, ein Gespräch zu führen, dass auf den bereits erlernten mediativen Kommunikationsregeln fußt.

3. **Stufe: Taten statt Worte:** Die dritte Eskalationsstufe ist "Taten statt Worte". In dieser Phase verschiebt sich der Fokus von verbalen Auseinandersetzungen zu handfesten Taten. Die Konfliktparteien setzen Aktionen ein, um ihren Standpunkt zu verdeutlichen oder den anderen unter Druck zu setzen.

   Beispiel: Das Paar beginnt nun demonstrative Handlungen, um den anderen zu provozieren. Die Frau hört auf, die Wäsche des Mannes zu waschen, und der Mann lässt kein Haushaltsgeld mehr da. Anstelle von Diskussionen treten konkrete Aktionen in den Vordergrund.

   In dieser Eskalationsstufe ist es entscheidend, die Kommunikation wiederherzustellen. Das Paar sollte offen über die Ursachen der demonstrativen Handlungen sprechen und versuchen, die Beweggründe des anderen zu verstehen. Gemeinsame Ziele und Werte sollten identifiziert werden, und konkrete Vereinbarungen zur Konfliktlösung müssen getroffen werden. Eine Paartherapie oder Mediation kann helfen, die Kommunikation zu unterstützen und langfristige Lösungen zu finden. Das Wiederherstellen der Kommunikation und das Finden von Kompromissen sind der Schlüssel zur Lösung dieser Eskalationsstufe.

4. **Stufe: Imagesorgen & Koalitionssorgen:** Die vierte Eskalationsstufe wird als "Sorge um Image" bezeichnet. Hier geht es darum, Verbündete zu gewinnen und Unterstützung für den eigenen Standpunkt zu suchen. Die Konfliktparteien versuchen, das Image des anderen zu beschädigen und ihn negativ darzustellen, um ihren eigenen Standpunkt zu festigen.

Beispiel: Das Paar versucht nun, Unterstützung von Freunden und Familie zu erhalten. Jeder Partner sucht Verbündete, um den anderen in einem negativen Licht darzustellen und seine eigene Position zu stärken.

In dieser Eskalationsstufe sollte das Paar die direkte Kommunikation wiederherstellen und sich auf offene und ehrliche Gespräche konzentrieren. Anstatt Unterstützung von Freunden und Familie zu suchen, ist die Einbeziehung eines neutralen Vermittlers oder Therapeuten ratsam, um die Kommunikation zu unterstützen. Gemeinsame Ziele und Werte sollten identifiziert, Kompromissbereitschaft gefördert und Konfliktlösungsstrategien entwickelt werden. Die Wahrung der Privatsphäre und Geduld sind entscheidend, um diese Eskalationsstufe zu überwinden und die Beziehung zu verbessern.

5. **Stufe: Gesichtsverlust:** Die fünfte Eskalationsstufe ist der "Gesichtsverlust". In dieser Phase findet eine Verzerrung des Bildes der anderen Konfliktpartei statt. Es werden negative Meinungen und Unterstellungen verwendet, um eine moralische Entwertung zu erreichen. Eine differenzierte Sichtweise ist kaum noch möglich.

Beispiel: Im Fall des Paares werden nun alle möglichen negativen Eigenschaften und Handlungen des anderen betont. Die Konfliktparteien sehen nur noch das Negative und verlieren die Fähigkeit, eine differenzierte Perspektive einzunehmen.

In dieser Eskalationsstufe ist es wichtig, sich auf die positiven Aspekte des Partners zu konzentrieren und die negativen weniger zu betonen. Offene Kommunikation, Verständnis und Kompromissbereitschaft sind entscheidend, um eine differenzierte Perspektive wiederzugewinnen. Bei Bedarf kann professionelle Hilfe in Anspruch genommen werden. Zeit und Geduld sind Schlüssel zur Lösung dieser Stufe.

6. **Stufe: Drohstrategien**: Die sechste Eskalationsstufe beinhaltet Drohstrategien. In dieser Phase versucht man, den Gegner durch Drohungen und Einschüchterung zum Aufgeben zu zwingen. Die Konfliktparteien setzen auf Macht und Kontrolle.

   Beispiel: Die Frau droht ihrem Partner damit, ihm die Kinder wegzunehmen, während er ihr mit finanziellen Konsequenzen droht. Beide versuchen, den anderen einzuschüchtern und zum Nachgeben zu zwingen.

   In dieser Eskalationsstufe, in der Drohungen zur Norm geworden sind, ist professionelle Hilfe in Form eines Mediators oder Therapeuten unbedingt zu empfehlen. Das Wohl der Kinder sollte im Mittelpunkt stehen, und eine offene, respektvolle Kommunikation ist entscheidend. Vereinbarungen, die das Familienwohl sichern, und die Entwicklung von Konfliktlösungsstrategien sind notwendig. Auch hier sind Zeit und Geduld wichtig.

7. **Stufe: Begrenzte Vernichtungsschläge:** Die siebte Eskalationsstufe wird auch als "begrenzte Vernichtungsschläge" bezeichnet. Hier wird Schaden angerichtet und moralische Grenzen werden überschritten. Die Konfliktparteien versuchen, den anderen schwer zu verletzen oder zu schwächen.

Beispiel: Das Paar greift nun zu drastischeren Maßnahmen, um den anderen zu schaden. Sie versuchen, den Ruf des anderen zu zerstören, persönliche Informationen gegen ihn zu verwenden oder ihn finanziell zu schädigen.

In dieser Eskalationsstufe, in der das Paar zu drastischen Maßnahmen greift, um sich gegenseitig zu schaden, ist eine sofortige Trennung oder das Einbeziehen rechtlicher Schritte oft unumgänglich, um weitere Schäden zu verhindern. Professionelle rechtliche Beratung und Unterstützung sind erforderlich, um die Situation zu klären und mögliche Schäden zu begrenzen. Es ist entscheidend, die Eskalation zu stoppen und die Sicherheit und das Wohlbefinden beider Partner zu gewährleisten.

8. **Stufe: Zersplitterung:** Die achte Eskalationsstufe ist die "Zersplitterung". In dieser Phase versucht man, das soziale Netzwerk des anderen zu zerstören und ihn zu isolieren. Die Konfliktparteien setzen darauf, den Gegner von seinen Unterstützern zu trennen.

Beispiel: Das Paar versucht, Freunde und Familie des anderen gegen ihn auszuspielen. Sie setzen auf Manipulation und Intrigen, um den anderen zu isolieren und seine Unterstützung zu schwächen.

In dieser Eskalationsstufe, in der das Paar versucht, Freunde und Familie gegeneinander auszuspielen, um den anderen zu isolieren, ist es wichtig, die Manipulation und Intrigen zu erkennen und zu stoppen. Offene Gespräche und Transparenz sind entscheidend, um das Vertrauen wiederherzustellen. Beide Partner sollten bemüht sein, ihre sozialen Netzwerke zu schützen und nicht in Manipulationsversuche hineingezogen zu werden. Falls notwendig, kann professionelle Beratung in Anspruch genommen werden, um die Situation zu klären und Lösungen zu finden.

9. **Stufe: Gemeinsam in den Abgrund:** Die neunte und finale Eskalationsstufe heißt "gemeinsam in den Abgrund". In dieser Phase sind die Konfliktparteien bereit, einen hohen Preis zu zahlen, um den anderen zu besiegen, selbst wenn es bedeutet, sich selbst zu schaden. Es gibt keinen Raum mehr für Selbstbeherrschung oder rationale Handlungen.

Beispiel: Das Paar befindet sich nun in einem destruktiven Kampf, bei dem beide Parteien alles tun, um den anderen zu verletzen. Sie verwenden alle Mittel, um zu gewinnen, auch wenn es bedeutet, dass sie beide am Ende verlieren.

In dieser Eskalationsstufe, in der ein destruktiver Kampf alles dominiert, ist eine sofortige Unterbrechung dieses Verhaltens entscheidend. Beide Partner sollten erkennen, dass sie beide verlieren, wenn sie weiterhin auf diese Weise handeln. Eine professionelle Mediation oder Therapie kann helfen, das destruktive Verhalten zu beenden und Wege zur Konfliktlösung zu finden. Das gemeinsame Ziel sollte darin bestehen, eine gesündere und respektvollere Kommunikation zu etablieren und dauerhaften Schaden zu verhindern. Sollte selbst unter Zuhilfenahme einer professionellen Beratung das Paar nicht mehr zueinander finden, sollten sie künftig getrennte Wege gehen.

Um Konflikte zu deeskalieren und eine konstruktive Lösung zu finden, können verschiedene Strategien eingesetzt werden. Dazu gehören aktives Zuhören, das Ausdrücken von Bedürfnissen und Emotionen in konstruktiver Weise sowie das Fokussieren auf gemeinsame Ziele. Durch Selbstreflexion und bewusstes Hinterfragen der eigenen Aussagen und Handlungen können Konfliktparteien erkennen, dass sie in einer destruktiven Kommunikationsweise gefangen sind und die Eskalation stoppen müssen.

Übungsvorschläge:

- Identifizieren Sie die neun Stufen der Eskalation: Machen Sie sich mit den verschiedenen Stufen vertraut, die ein Konflikt durchlaufen kann, von der ersten Anspannung bis hin zur destruktiven Eskalation. Reflektieren Sie vergangene Konfliktsituationen und identifizieren Sie, in welcher Stufe der Eskalation sich der Konflikt befand.

- Entwickeln Sie Strategien zur Deeskalation: Überlegen Sie, wie Sie Konflikte rechtzeitig deeskalieren können. Üben Sie Techniken wie das Stoppen negativer Sprache, das Fokussieren auf gemeinsame Ziele und das Ausdrücken von Bedürfnissen und Emotionen in konstruktiver Weise. Spielen Sie Konfliktsituationen nach und üben Sie, die Eskalation zu stoppen und den Konflikt in eine positive Richtung zu lenken.

Indem Sie die neun Stufen der Eskalation verstehen und gezielt Strategien zur Deeskalation einsetzen, können Sie Konflikte rechtzeitig intervenieren und eine konstruktive Lösung finden. Dies ermöglicht eine gesunde Kommunikation und den Erhalt von positiven Beziehungen.

7. Marshall Rosenberg: gewaltfreie Kommunikation

Die gewaltfreie Kommunikation nach Marshall Rosenberg ist eine Methode, die uns dabei hilft, empathisch und konstruktiv miteinander zu kommunizieren und Konflikte auf eine friedliche Art und Weise zu lösen. Sie legt den Fokus auf die bewusste Wahrnehmung unserer eigenen Bedürfnisse und Gefühle sowie auf das einfühlsame Verständnis für die Bedürfnisse und Gefühle anderer Menschen.

Grundannahmen der gewaltfreien Kommunikation:

1. Empathie stellt die Grundlage für gelingende Kommunikation dar. Menschen haben das Bedürfnis, andere zu verstehen und selbst verstanden zu werden. Die

gewaltfreie Kommunikation unterstützt dabei, sich ehrlich und klar auszudrücken und auf Gefühle und Bedürfnisse zu fokussieren, insbesondere in Konfliktsituationen.

2. Menschen suchen eine empathische Verbindung zu Mitmenschen. Dies bedeutet, dass Menschen das Bedürfnis haben, andere zu verstehen und selbst verstanden zu werden. Die gewaltfreie Kommunikation hilft dabei, sich ehrlich und klar auszudrücken. Der Fokus liegt dabei auf den Gefühlen und Bedürfnissen, insbesondere in Konfliktsituationen.

3. Jede Form von Gewalt stellt einen tragischen Ausdruck eines unerfüllten Bedürfnisses dar. Gewalt wird in der gewaltfreien Kommunikation als ein Ausdruck von unerfüllten Bedürfnissen betrachtet. Durch die bewusste Wahrnehmung und Ausdruck der Bedürfnisse kann gewaltfreie Kommunikation zur Lösung von Konflikten beitragen.

4. Jeder Mensch trägt die Verantwortung für seine eigenen Gefühle und Bedürfnisse. Die gewaltfreie Kommunikation betont, dass jeder Mensch selbst für seine eigenen Gefühle und Bedürfnisse verantwortlich ist. Das Verhalten anderer Personen kann Auslöser sein, aber die eigenen Gefühle und Bedürfnisse entstehen aus der individuellen Bewertung und Interpretation der Situation.

Vorteile der gewaltfreien Kommunikation:

- Eine tiefere Verbindung und ein besseres Verständnis zwischen den Menschen können geschaffen werden.
- Konfliktpotenzial wird reduziert und Konflikte können auf eine konstruktive Art und Weise gelöst werden.

- Es entsteht eine wertschätzende und respektvolle Kommunikationskultur.
- Die Bedürfnisse aller Beteiligten können besser berücksichtigt werden.

Beispiele für Konfliktsituationen und Lösungen durch gewaltfreie Kommunikation:

Beispiel 1: Sarah sagt zu Tom: "Du hörst nie zu, wenn ich meine Bedenken äußere!" Tom antwortet: "Ich fühle mich oft angegriffen, wenn du Kritik äußerst."

Lösung zu Beispiel 1: Sarah und Tom erkennen, dass ihre Kommunikation von Vorwürfen und Verteidigung geprägt ist. Durch die Anwendung der gewaltfreien Kommunikation können sie ihre Beobachtungen, Gefühle, Bedürfnisse und Bitten klar und respektvoll formulieren. Sarah könnte sagen: "Wenn ich meine Bedenken äußere, würde ich mir wünschen, dass du aktiv zuhörst, weil ich das Bedürfnis nach Verständnis habe." Tom könnte antworten: "Wenn du Kritik äußerst, fühle ich mich manchmal angegriffen, weil ich das Bedürfnis nach Wertschätzung habe. Könntest du bitte deine Bedenken auf eine weniger kritische Art und Weise äußern?"

Beispiel 2: Alex sagt zu Lisa: "Du bist immer so egoistisch und denkst nur an dich!" Lisa antwortet: "Du hältst mich ständig zurück und ignorierst meine Bedürfnisse."

Lösung zu Beispiel 2: Alex und Lisa erkennen, dass sie in einem Teufelskreis von Vorwürfen stecken. Sie können die gewaltfreie Kommunikation anwenden, indem sie ihre Beobachtungen, Gefühle, Bedürfnisse und Bitten ausdrücken. Alex könnte sagen: "Wenn ich das Gefühl habe, dass du nur an dich denkst, fühle ich mich frustriert, weil ich das Bedürfnis nach gemeinsamer Entscheidungsfindung habe. Könnten wir gemeinsam Lösungen finden, bei denen wir beide unsere Bedürfnisse erfüllen können?" Lisa könnte antworten: "Wenn du mich ständig zurückhältst, fühle ich mich eingeschränkt, weil ich das Bedürfnis nach Freiheit habe. Könntest du bitte meine Bedürfnisse respektieren und mir Raum geben, meine eigenen Entscheidungen zu treffen?"

Übungsvorschläge:

- Üben Sie das Formulieren von Aussagen nach den vier Schritten der gewaltfreien Kommunikation: Beobachtung, Gefühl, Bedürfnis, Bitte. Beschreiben Sie bewusst Ihre Beobachtungen, benennen Sie Ihre Gefühle, erkennen Sie Ihre zugrunde liegenden Bedürfnisse und formulieren Sie konkrete Bitten. Spielen Sie verschiedene Situationen nach und üben Sie, Ihre Kommunikation gewaltfrei zu gestalten.
- Führen Sie Gespräche mit anderen Personen und versuchen Sie, die Prinzipien der gewaltfreien Kommunikation anzuwenden. Hören Sie aktiv zu, zeigen Sie Empathie und versuchen Sie, die Bedürfnisse der anderen Person zu verstehen. Bemühen Sie sich, eine wertschätzende und gewaltfreie Kommunikation zu etablieren.

Indem Sie die Prinzipien der gewaltfreien Kommunikation anwenden und bewusst auf Ihre Bedürfnisse und die Bedürfnisse anderer eingehen, können Sie Konflikte auf eine friedliche und konstruktive Art und Weise lösen. Dies ermöglicht eine tiefere Verbindung und eine positive Zusammenarbeit.

8. Harvard-Konzept

Das Harvard-Konzept ist eine weit verbreitete Methode in der Konfliktlösung und Verhandlungsführung. Es wurde von den Harvard-Professoren Roger Fisher und William Ury entwickelt und in ihrem Buch "Getting to Yes: Negotiating Agreement Without Giving In" vorgestellt. Das Harvard-Konzept basiert auf den Prinzipien der sachbezogenen Verhandlungsführung und zielt darauf ab, Win-Win-Lösungen zu finden, bei denen alle beteiligten Parteien von einer Vereinbarung profitieren.

Das Harvard-Konzept legt Wert auf die Trennung von Personen und Problemen, die Fokussierung auf gemeinsame Interessen, die Entwicklung von Optionen zur beidseitigen Zufriedenheit und das Festlegen objektiver Kriterien für eine faire Lösung. Es betont die Bedeutung einer kooperativen Zusammenarbeit und eines respektvollen Umgangs miteinander, um eine Win-Win-Situation zu erreichen.

Beispiel: Zwei Geschäftspartner haben unterschiedliche Vorstellungen über die Aufteilung von Gewinnen in ihrem Unternehmen.

Lösung des Konflikts aus dem Beispiel: Anstatt sich auf starre Positionen zu versteifen und einen Konflikt zu eskalieren, wenden sie das Harvard-Konzept an. Sie setzen sich zusammen, trennen das Problem von den Personen und identifizieren ihre gemeinsamen Interessen, wie zum Beispiel die langfristige Stabilität des Unternehmens. Durch kreative Brainstorming-Sitzungen entwickeln sie verschiedene Optionen zur Gewinnaufteilung und setzen objektive Kriterien, wie Umsatzbeiträge oder Arbeitsstunden, um eine faire Lösung zu finden. Am Ende kommen sie zu einer Vereinbarung, die für beide Seiten akzeptabel ist und ihre langfristige Zusammenarbeit stärkt.

Übungsvorschläge:

- Nehmen Sie an einer Rollenspielübung teil, bei der Sie eine Verhandlungssituation simulieren und das Harvard-Konzept anwenden.
- Lesen Sie das Buch "Getting to Yes" von Roger Fisher und William Ury, um Ihr Verständnis des Harvard-Konzepts zu vertiefen und weitere Anwendungsmöglichkeiten zu entdecken.

Das Harvard-Konzept ist eine wertvolle Methode, um Konflikte konstruktiv anzugehen und erfolgreiche Verhandlungen zu führen. Es fördert eine kooperative Zusammenarbeit und ermöglicht das Finden von Lösungen, die für alle Beteiligten vorteilhaft sind.

Abschlusskapitel: Ein Blick in die Zukunft der Mediation

Herzlichen Glückwunsch! Sie haben nun einen Einblick in die faszinierende Welt der Mediation erhalten und wertvolle Techniken und Konzepte kennengelernt, die Ihnen helfen können, Konflikte konstruktiv zu lösen und Beziehungen zu stärken. Die Mediation bietet eine Vielzahl von Vorteilen und Möglichkeiten, die Sie in Ihrem persönlichen und beruflichen Leben nutzen können.

Ich möchte Ihnen an dieser Stelle meinen herzlichen Dank aussprechen, dass Sie sich die Zeit genommen haben, diesen Ratgeber zu lesen und sich mit dem Thema Mediation auseinanderzusetzen. Ich hoffe, dass die Informationen und Anleitungen, die ich Ihnen in diesem Buch präsentiert habe, hilfreich und inspirierend waren.

Die Mediation ist ein lebendiger Prozess, der ständige Weiterentwicklung und Vertiefung erfordert. Wenn Sie Ihr Wissen und Ihre Fähigkeiten weiter ausbauen möchten, gibt es zahlreiche Möglichkeiten, um dies zu tun. Hier sind einige Tipps und Ratschläge, wie Sie Ihr Verständnis und Ihre Praxis der Mediation vertiefen können:

- **Fortbildung und Weiterbildung:** Informieren Sie sich über Seminare, Workshops und Fortbildungen in Ihrer Region, die sich mit verschiedenen Aspekten der Mediation befassen. Nehmen Sie an Weiterbildungen teil, um Ihre Kenntnisse zu erweitern und neue Techniken zu erlernen.
- **Praktische Übungen:** Üben Sie regelmäßig die erlernten Techniken und Konzepte der Mediation in Ihrem Alltag. Setzen Sie sie bewusst ein, um Konflikte zu lösen und Beziehungen zu verbessern. Je mehr Sie üben,

desto mehr werden diese Fähigkeiten zu einem natürlichen Teil Ihrer Kommunikation.

- **Peer-Gruppen:** Treffen Sie sich mit anderen Menschen, die sich ebenfalls für Mediation interessieren, und gründen Sie eine Peer-Gruppe. In regelmäßigen Treffen können Sie Ihre Erfahrungen austauschen, gemeinsam üben und voneinander lernen.
- Literatur und Ressourcen: Lesen Sie Bücher, Artikel und Fachzeitschriften über Mediation, um Ihr Wissen zu vertiefen. Es gibt auch eine Vielzahl von Online-Ressourcen, Foren und Podcasts, die Ihnen weiteres Wissen und Anregungen bieten können.

Ich hoffe, dass Sie mit den erlernten Fähigkeiten und Kenntnissen in der Lage sind, Konflikte auf eine neue Art und Weise anzugehen und zu lösen. Denken Sie daran, dass die Mediation nicht nur ein Werkzeug zur Konfliktlösung ist, sondern auch eine Haltung und ein Ansatz zur Förderung von Verständnis, Respekt und Kooperation.

Ich wünsche Ihnen viel Erfolg auf Ihrem Weg der Mediation und hoffe, dass Sie durch die Anwendung dieser Prinzipien und Techniken zu einer positiven Veränderung in Ihrem Leben und in der Welt um Sie herum beitragen können.

Vielen Dank und alles Gute!

Ihr Rainer Steinberg